U0086613

博碩文化

博碩文化

博碩文化

博碩文化

The Zen Programmer
程式設計師之禪

Christian Grobmeier 著

榮耀、朱豔 譯

博碩文化

The Zen Programmer
程式設計師之禪

本書如有破損或裝訂錯誤，請寄回本公司更換

作　　　者：Christian Grobmeier
譯　　　者：榮耀、朱豔
責 任 編 輯：沈睿哖

發 行 人：詹亢戎
董 事 長：蔡金崑
顧　　　問：鍾英明
總 經 理：古成泉
總 編 輯：陳錦輝

出　　　版：博碩文化股份有限公司
地　　　址：(221) 新北市汐止區新台五路一段 112 號
　　　　　　10 樓 A 棟
　　　　　　電話 (02) 2696-2869　傳真 (02) 2696-2867

發　　　行：博碩文化股份有限公司
郵 撥 帳 號：17484299
戶　　　名：博碩文化股份有限公司
博 碩 網 站：http://www.drmaster.com.tw
服 務 信 箱：DrService@drmaster.com.tw
服 務 專 線：(02) 2696-2869 分機 216、238
　　　　　　（週一至週五 09:30 ～ 12:00；13:30 ～ 17:00）

版　　　次：2017 年 1 月初版一刷

建議零售價：新台幣 320 元
Ｉ Ｓ Ｂ Ｎ：978-986-434-180-1
律 師 顧 問：鳴權法律事務所 陳曉鳴

國家圖書館出版品預行編目資料

程式設計師之禪 / Christian Grobmeier 著；榮耀，
朱豔譯 . -- 初版 . -- 新北市 : 博碩文化，2017.01
　　面；　公分

譯自 : The Zen Programmer
ISBN 978-986-434-180-1(平裝)

1. 佛教修持

225.87　　　　　　　　　　　　105024884

Printed in Taiwan

博碩粉絲團

歡迎團體訂購，另有優惠，請洽服務專線
(02) 2696-2869 分機 216、238

商標聲明

本書中所引用之商標、產品名稱分屬各公司所有，本書引用
純屬介紹之用，並無任何侵害之意。

有限擔保責任聲明

雖然作者與出版社已全力編輯與製作本書，唯不擔保本書及
其所附媒體無任何瑕疵；亦不為使用本書而引起之衍生利益
損失或意外損毀之損失擔保責任。即使本公司先前已被告知
前述損毀之發生。本公司依本書所負之責任，僅限於台端對
本書所付之實際價款。

著作權聲明

致　　謝

　　感謝以下人士在本書寫作過程中給予的巨大的幫助：Nicole Michejew、Kathleen Weise、Boris Koch、Stephan Uhrenbacher 以及 Upayavira。

　　還要感謝那些閱讀過本書的基礎——《程式設計師的十條禪修法則》（The 10 rules of a Zen programmer）網路文章——並與我互動的朋友們。

　　Zachary Low 是本書的編輯。我對他的工作推崇備至，他是一位熱情、耐心、有趣的合作夥伴。你可以透過他的 LinkedIn 主頁①與他聯繫。

---

① http://www.linkedin.com/pub/zachary-low/40/914/51a

序　言

我並非一名僧人。

我從 2006 年開始禪修，至今已有 7 年，聽起來似乎已頗有心得，其實不然，我仍只能算是初學者。我知道自己應該換一種生活方式，但這很難，畢竟沉浸其中已久。當你境遇不佳時，你很難看到一個不同的視野。

參禪之初，我的狀態很糟，卻不明就裡。直至某日清晨打坐，頓悟問題之所在：我並不需要受戒為僧人，或者成為禪師。只要你去冥想，視野就會改變。終於，禪改變了我的意識，改變了我的工作方式，讓我變得更有效率。最重要的是，我變得更加快樂。

此前，我從未想過自己會寫一本關於禪的書。

我目睹過很多軟體開發者遭受我曾遇到的類似問題的困擾，比如健康困擾，或者不知道究竟該如何過自己的人生。

有時候他們會來請教我。我告訴他們：「試試靜坐冥想！」或者：「請閱讀菩提達摩。」但大部分人茫然不已。也許是因為，在這浮躁的塵世中我們已沒有時間去思考「冥想」的意義，又或者因為邁出第一步總是很難，就像修禪。

事實上，禪修對我而言也非易事。是的，我讀了很多書，但是這還不夠；我打坐，但同時也錯過一些東西。我失去了原有的生活，還有往日的方向。我曾反思自己究竟是誰，而不是我要成為什麼樣的人。那麼，我究竟做了些什麼

呢？（從修禪）我又得到了什麼？

　　答案就是音樂。在所有我做過或經歷過的事情中，只有對音樂的愛一如往常。是的，我一直熱愛音樂。儘管在過去的這些年裡音樂的類型發生了許多變化，但我從未停止聆聽、製作或者關注音樂。當我在玩電腦遊戲時，你可以很容易分散我的注意力，但當我沉醉於一個美妙的音樂專輯中，就不那麼容易被分神了。

　　曾經有個禪修學院，會教授尺八（一種日本竹製樂器），以輔助冥想修煉。我知道這種古老的樂器是修習的一部分。當我意識到如今還有人吹尺八，而且我能向一位身在德國的日本名師求道時，我非常高興。

　　我打坐，吹尺八，現在每天依然如此。你並不需要選定任何一門技藝進行禪修。實際上，你在生活中的任何時刻都可以禪修。電腦程式設計也可以是一種禪修！自從意識到這一點，我一直嘗試。每天如此。

　　孤獨的電腦程式設計和修習一樣是危險的，同時也是一項艱苦的工作。你很容易心煩意亂。如果能與別的事情結合起來，也許會好很多。

　　如果你對冥想修煉是什麼樣子毫無頭緒，只管在地板上坐下來。不必刻意去尋求答案，答案自會來找你。不要試圖阻止思考，思考自會停止。就這樣打坐，直到你的視野發生變化。

　　禪理沒有教條。我在寫作本書時堅信這一點。你在本書中讀到的只是我對禪宗教義的體悟。就像溪中流水，潺潺不息，我的悟解也可能因時而變。我對禪的認知是由經驗、書籍、冥想以及師父所給建議雜合而成的。它不能作為對禪宗教義的一般化理解，而只是我在此時此刻對禪的領悟。你也許認同，也許會反對。無論如何，你可以自由修正我的這些認知，加上你自己的理解。禪義，無所謂對，亦無所謂錯。

　　我寫作這本書，是因為瞭解禪通常要求人們閱讀很多佛典古籍，同時還需大量參悟。正如通常所言，禪是為器，但是一門不易上手的器。希望本書可以為你提供一些關於如何利用禪的啟發。當然，我也希望它可以激勵你閱讀更多關於禪的文獻。

　　我邀請了一位編輯協助解決書中的拼寫和語法問題，希望他告訴我文字中存在的明顯錯誤，相信他都做到了。如果你在閱讀過程中發現有詞不達意或不合邏輯之處，都是我自己的責任，謹向你致以最深的歉意。

　　毫無疑問，我支持言論自由、和平共處。請不要僅僅因為書中措辭問題而曲解我的本意。敬請告知錯誤所在，我將在下一版中修正。感謝！

目　　錄

第 1 章　引言 1

　　1.1　我如何學習打坐 1

　　　　1.1.1　最初的那些年 1

　　　　1.1.2　我為之付出一切的工作 4

　　1.2　什麼是禪 7

　　　　1.2.1　佛陀喬達摩‧悉達多 7

　　　　1.2.2　佛教與其他宗教相容嗎 9

　　　　1.2.3　禪究竟是什麼 13

第 2 章　佛教小談 17

　　2.1　四聖諦與地獄 17

　　2.2　佛教中的「小鬼」 19

　　2.3　八正道 21

　　　　2.3.1　正見 22

　　　　2.3.2　正思維 24

　　　　2.3.3　正語 25

　　　　2.3.4　正業 29

　　　　2.3.5　正命 31

　　　　2.3.6　正精進 32

　　　　2.3.7　正念 33

　　　　2.3.8　正定 34

第 3 章　為什麼要進行禪修程式設計 37

　3.1　無法擺脫的困境 37

　　　3.1.1　錯誤的團隊 38

　　　3.1.2　荒誕的需求 38

　　　3.1.3　外行的期望 39

　　　3.1.4　咖啡機下度夜 39

　　　3.1.5　被忽略的非工作生活 40

　　　3.1.6　威脅產生的動力 41

　　　3.1.7　無端變化的需求 41

　　　3.1.8　貪婪 41

　　　3.1.9　其他成見 42

　3.2　「職業倦怠」綜合症 43

　　　3.2.1　確實存在職業倦怠症嗎 43

　　　3.2.2　導致職業倦怠症的基本因素 45

　　　3.2.3　事實 46

　　　3.2.4　職業倦怠症的五個階段 48

　3.3　自生自滅 48

第 4 章　氣禪和程式設計 51

　4.1　引言 51

　4.2　氣：呼吸與活力 52

　4.3　氣禪：寫程式的方法 53

　　　4.3.1　理性思維和混沌思維 54

　　　4.3.2　專注時間 59

　　　4.3.3　椅子坐禪 61

　　　4.3.4　辦公室經行 62

　　　4.3.5　保證睡眠 64

　　　4.3.6　飲茶 70

　　　4.3.7　清潔 71

　　　4.3.8　長修：靜修 72

　4.4　戰勝心猿 73

　　　4.4.1　待辦事項清單 74

　　　4.4.2　電子郵件：2 分鐘規則 76

　　　4.4.3　番茄工作法 77

　　　4.4.4　鏈條 78

　　　4.4.5　看板 79

　　　4.4.6　不要變成極端主義者 82

第 5 章　禪心即我心 87

　5.1　別人對我不好 87

　5.2　這是我應得的 89

　5.3　我有一個糟糕的童年 91

　5.4　我應該知道 92

　5.5　這是你的人生 93

第 6 章　「無我」境界 95

　6.1　什麼是自我 95

　6.2　自我強迫症 96

　6.3　無我的程式設計 98

　6.4　看不見的自我 98

　6.5　少說多做 100

第 7 章　禪即苦修 103

　7.1　無時不禪、無處不禪 103

　7.2　吾生也有涯（活在當下）........................... 104

7.3 身與心無法脫離 106

7.4 學習、學習、再學習 108

    7.4.1 做一名好的林務員 109

    7.4.2 理論須當實踐之 110

    7.4.3 它山之石可以攻玉 110

7.5 不要變成職業頭銜癮君子 111

7.6 流水與止水 114

7.7 初學者心態 115

7.8 像火頭僧那樣撰寫程式碼 117

7.9 程式設計之業 121

    7.9.1 團隊業 122

    7.9.2 程式碼業 123

第 8 章　一花一世界 127

8.1 佛陀程式設計師 127

8.2 弟子與師傅 129

    8.2.1 為人弟子 131

    8.2.2 成為師傅 133

8.3 飢餓的鬼魂 136

    8.3.1 無視 138

    8.3.2 當面對質 139

    8.3.3 操縱 139

8.4 無能 140

第 9 章　專案之禪 143

9.1 孫子與孫子兵法 144

9.2 毀滅之路 145

　　9.3　天不會塌下來 147

　　9.4　請笑對絕望 149

第 10 章　程式設計師的十條禪修法則 153

　　10.1　專注 153

　　10.2　心無雜念 154

　　10.3　初學者心態（虛懷若谷） 155

　　10.4　無我 155

　　10.5　不要設定職業目標 156

　　10.6　敏事慎言 157

　　10.7　正念、觀照、覺察 158

　　10.8　做自己的老闆 159

　　10.9　玩物養志 160

　　10.10　淡泊寧靜 161

後記 163

參考文獻 167

第1章
Chapter 1

引言

1.1　我如何學習打坐

很多人問我為何禪修。答案非常簡單：生活失去了樂趣。我經常胃痛，而且容易感冒。我的閒暇時間都是跟同事飲酒度過的，這看起來很正常，其實不然。直到有一天，我決定換一種生活方式，雖然我並不知道究竟哪裡出了問題。

還是從頭說起吧。

1.1.1　最初的那些年

我起初是個牙科技師，對這份工作也樂在其中。得到這份工作並非一帆風順。我並不熱衷於學業，在十二歲時，我喜歡搖滾樂，夢想有朝一日成為搖滾巨星。一個人如果花半天時間打鼓，剩下的半天還想著歌曲，就不可能有多少時間學數學及物理了。漸漸地，我的頭髮越來越長，不知不覺就到了求職季。

沒有幾個老闆想雇用一名長髮的音樂嬉皮男，但我的前任老闆卻這麼做了，時至今日我仍對他感激不已。如果德國政府沒有改變醫保政策，我仍然會是一名牙科技師。與從前相比，在過去的幾年裡，德國的醫保福利越來越糟。

在我最初從事牙醫工作時，健康保險會支付醫療費用的一部分。自然而然，幾乎每個人都有機會擁有潔白亮麗的牙齒。但是當政策改變後，醫保不再為大多數牙齒問題的花費買單。很多人開始省錢，要麼只買最便宜的醫療方案，要麼根本不在乎自己的牙齒問題。這項醫改方案讓我付出了工作的代價，因為我太年輕，也沒有什麼經驗，很多老闆只留下經驗豐富的員工並降薪。

那時有很多人丟掉了工作。對於德國人來說，這是一個非常艱難的經歷。德國人習慣於加入一間公司並在那裡工作 50 年，直到退休，或者直至死亡為止。

因此，我成了二戰後德國第一代意識到工作不再有 50 年保證的一員。我需要做些別的事情，但毫無頭緒。1998 年，我成為一名公務員。當時每個人都在談論 Windows 95/98，終於我也得到了人生中的第一台 PC。這是一部又老又慢的主機。我用 Word 寫了一些文件，並開始瞭解網際網路。在孩提時代，我在一台 Commodore C64 家用電腦上用 Basic 撰寫過程式，因此萌生了為自己的樂團建立網站的想法。我們已經有了宣傳海報和音樂 Demo，我猜如果有個網站將會更酷。我想 FrontPage 對我一定有幫助，於是開始學習。

但事實並非如此。FrontPage 並不好用。有人告訴過我如何自己動手開發網站。我再次熱切地進行程式設計，就像初用 Basic 那樣。我學會了 HTML，這象徵著我的職業程式設計生涯的開始。兩個月後，我就發佈了兩個網站。第一個網站賺了錢並深受好評，而第二個網站卻夭折了。客戶希望網站具有串流影片和安全登入功能，這對我來說太難了，已經超出了我當時的能力。不過，不管怎麼說，我賣了一個網站，也發佈了自己樂團的官網。

我知道自己的生活被徹底改變了。為了縮短網站開發週期，我學會了 PHP。我開發了一個小型的線上音樂雜誌，並嘗試尋找一份程式設計師的工作。當時每一位老闆都在招程式設計師，而且大部分老闆也不在乎你是否上過大學。如果你知道 HTML 是何物，你就是老闆要找的人。就一個對數理毫無頭緒的長髮男來說，這無疑是一個天大的喜訊。

不久，我在一間很棒的公司獲得了一份很棒的工作。我很幸運，因為那裡的人並不太在乎我不懂什麼，他們更在乎我已經懂了什麼，並向我解釋其餘應該懂的。藉由這種方式，我學會了 Java、正確的程式設計方法、設計模式以及 SQL 等。Tomcat 3 很快就成了我的好友。

自此，我的問題逐漸顯現出來。作為一名實習生，我的待遇還不如初級程式設計師，收入極其微薄。我所有的收入幾乎都花在了上下班路途的汽油費上了。但我還得吃飯。所以我承接了一些在晚上和週末能賺到外快的專案。就這樣，我早上 6 點起床去做白天的工作，下午 6 點回家開始晚上的工作，一直幹到半夜甚至更晚才睡覺。沒有週末，沒有娛樂，當然也沒有音樂。每週我都設法驅車 150 公里回到家鄉跟我的樂團玩一次。除了我自己，大家都清楚這種狀況不能持久。

我像一個自由工作者那樣辛苦地工作。曾經有位客戶，為我帶來了所有的工作。不幸的是，該客戶由於個人財務出了問題，失去了付款能力，突然停止付款給我。我當然抱怨不已，這太不走運了。我需要專家的幫助討回血汗錢，這都是幾個月後的事了。在處理這個問題的過程中，我無法找到新客戶。這讓我倍感痛苦，因為我不僅要支付房租，還要填飽肚子。那段時間我疲憊不堪。好在女友借給我一些錢，讓我節衣縮食地維持好一陣子的生活。就這樣，我終於成功完成了培訓，並通過程式設計考試，成為一名（飢餓的）程式設計師。

然而，人生總是充滿意外。我曾希望在自己實習的公司找到一份工作，未

料該公司卻破產了，我不得不再次尋找新工作。

1.1.2　我為之付出一切的工作

你能想像那是什麼感覺嗎？失業，身無分文，而且冰箱空空如也。用「恐慌」一詞都難以形容，但這種感覺真真切切地折磨著我。我對未來憂心忡忡。我希望永遠擺脫困境。是時候該獲得一份可以美化履歷的工作了，我最終跟一間大型的諮詢公司簽了約。

我所做的第一項專案在法蘭克福，去那裡要花六小時的車程。每週一清早我乘火車去那裡，經過六十多個小時的工作後，週五吃完午餐後返回。週六我要在床上睡很久，行為舉止像個喪屍。星期日也無法放鬆休息，因為我不得不為下週的工作做準備。

這項專案的狀況極糟。專案團隊八十名成員試圖力挽狂瀾，但專案混亂不堪，複雜至極。我們期望能夠清理程式碼，也付出了努力。我們修改了一個巨大的系統。在這個過程中，一不小心就會破壞程式碼。大家精神高度緊張，一些人在工作時開始表現得像個白癡。

每一行程式碼都夾雜了很多個人情緒，似乎試圖告訴同事，自己不過是在盡力撰寫糟糕的程式碼。大量的開發者離開了公司。但我不能。我不得不留下來。我相信你在一間公司至少待兩年才能認真對待工作。

在推展清理工作的過程中，專案人員發生了變化。團隊規模變小，大家溝通起來容易多了。畢竟，我們現在是一個和諧的團隊了。我們的工作仍然很多，但是當工作到很晚告一段落後，我們會出去喝兩杯，吃些美食。在經過漫長的一天工作後，把自己灌醉可以不再覺得是在高壓下工作的奴隸，而會感覺自己

更像是可以拯救世界的搖滾巨星，只有自己才能拯救公司和同事。特別是，當公司高層為你買單時，那種感覺更加強烈。

　　像這樣過了兩年後，我忽然感到疲倦不堪。我的工作不再有樂趣。我也不覺得自己是一位程式界的搖滾巨星了。我的樂團也到了壽終正寢的時候。我不再有動力讓樂團保持活力，也失去了靈感。有時下班後我會在寄宿的旅館撰寫開放原始碼軟體。經過一天 14 小時的工作後，如果有足夠的啤酒，我還可以再擠出幾個小時。但我不再有精力搞音樂。我已經沒有時間進行排練，創作新的歌曲，或者去巡演。我已經失去了所有的旅行激情。我只是對能回家上床睡大覺謝天謝地。我的樂團在維持 11 年後終於散夥，大家也沒什麼來往了。

　　每天早上當我等火車時，我都會捫心自問：這就是生活嗎？這太可怕了。我費盡千辛萬苦成為受人尊敬的團隊一員。我為自己不認識的人設計程式，在專案完成後，我就成了歷史。雖然我不再受金錢問題所困，生活由工作和啤酒構成，但沒有藝術，也沒有音樂。也許這對某些人來說不算什麼問題，但我不想這樣度過餘生。

　　有一天，我的專案團隊決定搬到慕尼黑。這裡離我的住處近多了。我以為一切會變得好起來，但事實並非如此。我更加早出晚歸了。行屍走肉般的生活再次降臨。如同在隧道的盡頭無法看到任何光明。生活只是周而復始，日復一日。

　　我的生活亟需改變。雖然我能意識到這一點，但不知道該如何做，也不知究竟哪裡出了問題。我的意思是，很多人都那樣過。白天上班，晚上喝酒，循環往復。我想肯定是哪裡出了問題。

　　一天早晨，我想起自己十四歲時曾嘗試過靜坐冥想。那時有一位朋友借給我一本書，這是他從他的父母那裡借來的。朋友說，這是一本關於冥想的書，也許有助於增強我對學業的熱情。我嘗試了一下，確實很酷，但對我的學業並

無幫助。

　　某日清晨，我早早地醒來。在那段時間，我和同事都在努力工作，以致頭腦根本無法真正放鬆。我夢中都在撰寫程式碼。清晨 5 點，我走進客廳，推開窗戶，清新的微風拂面而來，空氣中帶著夢幻般的味道，因為此刻還沒有車水馬龍。在這靜謐的清晨，鳥兒開始歡唱晨曲。不知不覺，我想起了朋友的書，便坐在地板上，開始凝視自己的影子。我的目標是停止思考一會兒，但卻無法控制自己。我的心跳開始加速。這並非我的本意。在我的腦海中，上司在喋喋不休，比鳥鳴更嘈雜，不過，沒過多久就安靜了下來，鳥兒的歌聲成了唯一的噪音。

　　就在那一天，我買了兩本關於禪的書。有很多關於「冥想」的書籍，談的都是「靈修」、「玄想」或「宗教」。但是，我只是一名程式設計師，並不想接受一種新的宗教，我只是希望瞭解冥想，希望自己的腦袋不再喋喋不休。

　　幸運的是，我很快就認識到禪並非神話，也無關膜拜。這就是我為何能深入研習的原因。我閱讀了那些書，也喜歡它們。但是這些書對我並沒有什麼實質性的幫助。禪是一種修習，只有修習能幫助我。在這本書中，我已經介紹了我最初的修習方法。同時，我希望進一步參禪。它徹底改變了我的思維，但在此處你不會看到。我會告訴你，當腦袋快爆炸時我做了什麼，希望對你也有幫助。無論你是否堅持那麼做，都不關這本書的事。除了禪宗史上的幾句至理名言，你將會看到，我並不要求你改變自己的信仰。

　　就這樣我發現了禪。我換了一間公司。過了一段時間，我再一次疲憊不堪。花了我好幾年時間才認識到這一點。我一度認為工作違背了自己的職業道德。於是我的內心發生了一些改變，我的禪修之花開始綻放。

　　2010 年底，我辭職了。在拒絕掉幾個高薪工作機會後，成立了自己的公司

（Time & Bill [1]）。我的公司業務和從事的一些自由工作，賺的錢比在其他公司工作賺得要少。但我大多數時間都在家工作，而且能夠看到孩子的成長。這是任何人都無法支付給我的。

經過了漫長的黑暗時光，我終於重新控制了自己的生活。我還是工作 60 小時，但不再有任何抱怨。我不再自憐自艾，能夠心平氣和地對待所有的事情——好的或者不好的（至少我會試著這麼做）。我已經認識到，並非過去發生的所有壞事都與工作有關。

但我還認識到，生活中有些事純粹是浪費時間，本可以避免。

這就是我的故事，至少是一部分。現在讓我們來回顧一些歷史。

1.2　什麼是禪

1.2.1　佛陀喬達摩．悉達多

在瞭解禪之前，我們需要先瞭解一下佛教。喬達摩．悉達多創立了眾所周知的佛教。他是淨飯王之子，出生於公元前 563 年。（在悉達多小的時候，）有預言稱，他要麼成為一位強大的國王，要麼成為聖人、世人之師。

悉達多的父親淨飯王希望他能繼承王位，於是試圖向他掩蓋世間的醜惡。淨飯王認為，如果他的兒子相信這個世界只有美好而無醜惡，那麼悉達多將會

---

[1]　http://www.timeandbill.de

決定繼承王位，而不是想成為聖人。他禁止一切枯萎、衰老、醜惡的東西進入皇宮，並且不許悉達多走出皇宮。就這樣，悉達多被鎖在父親的宮殿中長大成人，與耶輸陀羅結婚，並生下兒子羅睺羅。

有一天，悉達多成功地逃出了戒備森嚴的皇宮花園。他乘坐一輛馬車出行，只有車夫闡陀相伴。

在旅途中，悉達多看到一位殘疾老者正被衰老和傷痛所困，便問闡陀為何老者會遭受這般痛苦。闡陀解釋說，衰老是芸芸眾生都要經歷的，每個人將來都會衰老並受老弱之苦。

然後他們又看到另一名發燒的病患。闡陀解釋說，疾病是凡夫俗子生命的一部分，無人能倖免。

最後，他們在街道邊看到一具死屍。闡陀說，世人終究難免一死，我們的生命都將在某一刻終結，無論貧富貴賤。

悉達多情緒低落下來。在返程途中，他們遇見一位苦行僧。闡陀告訴悉達多，這名男子試圖尋找脫離苦海的出路。聽到這裡，悉達多心中又浮起一線希望。他認為，必然存在某種結束痛苦的方式。他還明白了衰老、疾病、死亡和痛苦與生相伴，難解難分，有關這方面的認知被稱為四諦。

腦海中有了這些認知，喬達摩・悉達多出家了，去苦求眾生如何才能解脫痛苦輪迴。決心已下，他成了佛教創始人，拋棄了錦衣玉食的生活，成為一名苦行僧，幾近餓死。

在菩提樹下靜坐冥想三日三夜後，喬達摩・悉達多終於豁然開悟。[①]從那時起，他一直為眾生說法，度化凡夫俗子，直到死於食物中毒。他成為那個時代

---

① 今天，你仍然可以造訪位於印度巴特那附近的摩訶菩提寺，瞻仰佛祖悟道成佛處的聖樹。

的第一佛[1]，留下了許多神話和傳說。

1.2.2　佛教與其他宗教相容嗎

無神

佛教中沒有神。

悉達多本人不是先知，他不是神的差遣，也不是神秘的天使。在其一生中，他一直希望被看作他原本的樣子———一位凡人。

在佛教中，最重要的修習就是靜坐冥想。事實上，天主教也有冥想，修道院中經常舉行冥想修習。伊斯蘭教也有冥想，在伊斯蘭蘇菲派中更具體的說法叫迪克爾。

沒有神，凡人悉達多（他自己也說自己是個凡人），修習方法其他宗教也都熟悉，這些事實使佛教很容易與其他宗教（如伊斯蘭教和基督教）溝通。我聽說有天主教神父後來成為一位禪宗僧人。

當從電視上看到橙衣佛教徒舉行某種儀式和「祈禱」時，有人不禁會懷疑這些宗教能否兼容共處，其實有一些（也許很多）佛教宗派也這麼做。佛教可以與基督教整體相比。基督教不僅僅有天主教，還有新教和其他派別。同樣伊斯蘭教也是，比如有遜尼派和什葉派。

---

[1]　有人說喬達摩·悉達多佛是第四佛。也許在他之前已經有很多佛陀，在他之後當然還有更多的佛陀。但喬達摩·悉達多佛是家喻戶曉的佛陀之一，因為他是第一位載入史冊的佛陀。在喬達摩·悉達多佛圓寂後，他的弟子繼續弘法，其教義最終被記錄下來。

一佛，諸佛

喬達摩・悉達多悟道後，人們開始稱他為「佛陀」。佛陀是一種尊稱，意思是「大知覺者」。他的全名實際上是喬達摩・悉達多佛陀（或釋迦牟尼佛），但常常被簡稱為佛。

在佛教中，一切都基於「中觀之道」的概念，在此處，所謂的極端情形無處容身。其他遵循並領會這個中觀真諦的人，也會開悟並得到佛陀稱號。每一位佛陀都有自己的見解，並從某時開始其學說向不同的方向演化。在不同的宗派中，釋迦牟尼教導的「核心」思想保持不變，但離苦得樂的方式不同。可以說，佛教在某些方面是一種活生生的宗教，是的，現代社會依然有佛，那些將佛法翻譯成我們易於理解的說法的人就是了。[①]

儀式和祈禱

有很多儀式、聖物膜拜以及其他宗教習俗。比如，有些佛教徒虔誠地燒香拜佛，奉若神明。平心而論，我不知道他們為何那麼做。如果他們內心是向某某祈禱，並期待某某傾聽甚至幫助他們，那麼他們對佛教的理解與我有別。據我所知，佛陀教導普羅大眾，須用己力脫離苦海。也許我對此理解有誤，但這也告訴你為何我不那麼做的原因了。需要指出的是，一些非常流行的佛教宗派，如淨土宗，認為自然神論的因素至關重要。

即使是思考到更加神秘的層面，如重生，佛教膜拜對我也毫無意義。也許你聽說過，一些佛教徒相信如果不能結束痛苦，就會轉世輪迴，重受苦難。當他們掙脫生死輪迴的安排，將會圓寂，進入淨土，獲得自在安樂。我不知道是否有佛在極樂世界傾聽信眾的祈求。實際上，我相信他們不再有具形的存在。

[①] 請別誤解，即使我嘗試將佛經翻譯到程式設計世界，我距離成佛仍然遙遠。我所指的是別人，比如像澤木興道那樣的大師。

這就是我的理解。於我而言，佛陀已逝。我們已從他那裡得到所需的一切，現在該輪到我們自己幫助自己脫離苦海了。正所謂「迷時師度，悟時自度」。

在禪宗中，膜拜和誦經微乎其微，無足輕重，這甚合吾意。雖然還有儀式，但我所知道的儀式只是確保我們勿忘修習的重要性並保持正道。

我遵從的「禮儀」包括練習坐禪（靜坐冥想）和吹禪（吹笛冥想）的方式，例如，穿著恰當的衣服，在特定的場合還會燃香。我以恭敬之心對待在修習中使用的一切器物，包括禪墊。腦海中浮現出一個傢伙恭恭敬敬地對待禪墊的畫面，你也許會發笑。但對我來說，這真的非常重要，它能讓我儘快入定。所有的儀式似乎都是為了幫助儘快入定。當我們遵從儀軌時，頭腦變得空靈，然後可順利地進行冥想修習。

一位閱讀本書早期手稿的讀者說：「儀式的作用是賦予瑣細行為以意義，此即其價值。」對此我深表贊同，後文將重提程式設計師的禪宗儀式。

宗教抑或哲學？

我認識的很多人都認為佛學更像是一種哲學而非宗教。如果你喜歡，你也可以那麼認為。就個人而言，我發現有很多理由稱之為宗教。我沒有能力對這種辯論進行長篇大論。畢竟，你可以為它找到合適的術語。

為何我認為佛學是一種宗教信仰？

佛學中沒有神，但在儀式和祈禱中往往有一位象徵性的角色，而不是膜拜現存的實體。實際上，你可以在佛祖的經文中發現佛學的神秘色彩。沒有任何證據證明那些說法的真實性。不過，信或不信，由你自己決定，只是這些方面使得佛學成為宗教。

我們來看兩個例子。

佛說,信佛可以脫離苦海。衰老、死亡、疾病和痛苦都有止境。如果你身處可怕的境地,例如遭遇嚴重的車禍,並深受持續的劇痛困擾,你就會頓悟為何佛教只是一種宗教,在這種情況下你確實需要相信自己可以早日脫離苦海。

當一位基督徒去世,他被上帝審判上天堂或下地獄。[①]在佛教中沒有聖經中所說的地獄,終極目標是進入極樂淨土並徹底虛空。你要打破生死循環的宿命,不再重生受苦。當你到達極樂淨土,將會得到歡喜祥和。

禪修不會讓你的世界顛倒

禪修的好處是你不必相信輪迴。你甚至不需要在意死後會發生什麼事。你可以將佛教中那些神秘的方面視作象徵性的或抽象性的,並堅持自己的宗教教義。

如果研究釋迦牟尼佛或其他佛陀的原始教義,你不可能發現任何不利於其他宗教的內容。當然,我並不瞭解是否所有的宗教都是如此,因為還有像宇宙教或神道教這樣的宗教,它們之間非常難以比較。無論如何,如果你目前的宗教信仰倡導祥和、安寧,那麼釋迦牟尼佛的教誨就不會與你的信仰發生衝突。

對於這本講述程式設計之禪的著作,我試著吸收一些適應辦公室環境的禪宗修習。在書中你不會發現任何慫恿你成為佛教徒的內容。

自己作主

讀完以上文字後,你能得到什麼結論?

你需要自己決定。

在不同人的眼中,宗教往往是不同的。我是一位不可知論者,甚至是一位無

---

① 據我所知,聖經也沒有說過什麼永恆的地獄。好像天主教說存在一個永恆的地獄,而聖經本身只說過有一個臨時的地獄,即煉獄。我很抱歉無法確定這一點,感興趣的讀者不妨去瞭解更多的訊息。

神論者。在我的世界裡，神並不重要。我相信佛的開示，但我不能忍受淨土宗。

如果你的信仰與佛教的教義衝突，你需要反省自察。當然，我們很難信奉那些建立於自然神論元素之上的佛教旁支。

幸運的是，你可以問道於諸佛而無需照單全收。請以適合你的方式去對待它。

1.2.3 禪究竟是什麼

在前面的章節中，我將「禪宗」與「佛教」結合使用。其實就像藏傳佛教那樣，禪宗是佛教的一個分支，有它自己的故事。

達摩是印度一位著名的僧人，他將禪傳入中國，形成禪宗，因此被稱為禪宗始祖，據說他還創立了少林功夫。

達摩是許多神話和傳說的主題。其中最有名的傳說是他面壁九年。某日困倦不堪，他對自己非常生氣，於是切下眼皮扔掉。眼皮砸到地面之處，長出第一株茶樹。今天，修行者在打坐間隔飲茶保持清醒已成為傳統。這個傳說不僅說明了達摩的影響有多大，還說明了達摩是多麼苦修。在所有禪宗教眾和少林寺弟子中都能看到這種苦修精神。

達摩對於什麼是禪，提出了一項很好的解釋：

> 不胡思亂想就是禪。一旦你明白這一點，走路、站著、坐著或躺著，你所做的一切都是禪。
>
> ——達摩（Red Pine，1987）

另一名禪師的解釋則有點不同：

> 佛教的意旨：「無我」，「虛空」，天人合一。
>
> ——澤木興道（Sawaki，2005）

禪師常用不合理的論據釋禪，這裡是引用兩個理性一點的。達摩說，我們需要戰勝心魔，後者的行為往往像猴子或馬。猴子的思維具有跳躍性，沒有節制。馬的意識則是無論如何都要向前進。如果我們的腦海中沒有猴子和馬，達到虛空，就可能產生禪的智慧。是的，沒有必要去想討厭的上司、尚未支付的帳單或另一張桌子後面剛提交大量劣質程式碼的白癡。

澤木禪師說，無我，虛空。我們的思維往往具有誤導性。當舊車仍然能開為什麼想要一輛新車？它是否真的讓我們更快樂？駕駛一輛新車生活就會變得更美好嗎？還是只是想給別人留下深刻的印象？

禪是自我的一面鏡子。一旦參禪打坐，你將會找回自我，腳踏實地，不再被無意義的東西所困擾。

在過去，一些人認為禪宗和尚能飛。在一些日本電影中你確實可以看到冥想者離開地面，懸浮於半空。如果你請教澤木興道大師禪可以為你帶來什麼，他會說：

> 禪不會給你任何東西。
>
> ——澤木興道（Sawaki，2005）

其他禪師可能會說：當然，禪可以讓你飛。他們也清楚地知道，從物理學的角度說，你永遠不能飛。禪的問題是，如果你嘗試以理性的方式去理解它，

你就輸了。禪不是用邏輯和理性的過程改善你的生活，而是教你放下欲望，不受毫無意義的東西干擾。禪教導你活在當下，無須等待明天。

　　禪宗背後的哲學有時是非常激進的。如果你不小心謹慎地聽從師父（抑或跟錯了師父），你可能會誤認為禪是要你放棄自己，脫離人性。但事實並非如此。禪就是關於「你」的。誠如澤木興道禪師所言，它不會給你任何東西，因為你已經擁有了一切。禪可以幫你拂去心靈上的灰塵，讓你明心見性。

可見，不可能用言語解釋什麼是禪。你需要修習，如此或能領悟澤木大師或達摩祖師這樣的智者之意。一句話，禪是需要你身體力行的修習。

第 2 章
Chapter 2

佛教小談

　　本章我會為你簡介一下佛教。毫無疑問，這些只是基本知識，不夠完備。在下文你會接觸一些佛教教義和佛教神話，同時也將看到我個人的一點經驗之談。可以說這是我初學佛教的心得體會。這些知識讓我沉思。

2.1　四聖諦與地獄

　　我曾讀過一本禪宗書籍，其中驚訝地看到作者談及「地獄」（在日文中為「奈落」，羅馬拼音：naraku；源自佛經中的「那落迦」），對我來說，很難將這個詞與禪宗聯繫起來，因為我首先想到的是基督教。在讀過其他文獻後，我發現佛家說的「地獄」含義不同。當一開始得知地獄不是人死後被送往接受懲罰的地方——而是人生來之地時，我感到非常驚訝。人的生命從地獄開始，這聽起來太奇怪了！

　　正如前面談到的，很容易將禪宗與其他宗教或哲學混淆。長期以來，日本禪宗文化受日本神道教的神話及古代傳說影響而得到極大的擴展，你已經很難

分辨什麼是真正的佛學，什麼是傳說或寓言演繹。

後來我的先生^①為我做了解釋。

喬達摩‧悉達多意識到衰老、疾病、死亡和痛苦終將與生命如影隨形，密不可分，他稱它們為「四諦」（也作「四聖諦」）。明白了這一點，你就會對世人究其一生去追逐金錢和權力不感到奇怪了。

你將赤裸地死去。

——澤木興道（Sawaki，2005）

悉達多成佛後，開始向世人說法四聖諦。其後所有佛教宗派均將它視作基本教義。四聖諦是指：

1. **苦諦**：我們必須明白，活著就是受苦難。苦諦是對生命存在的一個論斷。我們知道，人永遠不會滿足，遭受苦難是應得之果。

2. **集諦**：集諦指出了苦難的根源，就在於貪婪、仇恨和妄想。那麼它們存在於何處？在我們的心念中，在我們的欲望中。

3. **滅諦**：當苦難的根源消除，痛苦就會消失，這就是滅諦。我們應該克服導致苦難的緣起。就像修復檔案系統的錯誤，讓使用者介面能夠運作。

4. **道諦**：道諦主要是指八正道，它將引領我們克服苦難。只有親自修行才能克服心魔。

記得伊比尼澤‧史克魯奇嗎？那個查爾斯‧狄更斯《聖誕頌歌》中的吝嗇鬼老頭。在遇到聖誕精靈之前，史克魯奇時時在害怕變成窮人，他鬱鬱寡歡，

---

① 　先生就像是老師。你可以在「弟子與師傅」一節瞭解到更多的內容。

不苟言笑。沒有人喜歡他。這樣的生活跟地獄有什麼兩樣？

其實，我們每個人都生活在地獄中，但所幸出路還是有的，就在於：八正道。在後文中我們將做詳細解釋。

為什麼在一本為程式設計師寫的書中要提到四聖諦？因為我們與世人一樣，生而受苦。當我們進入辦公室時，我們自造地獄。我們或者總在期待一份高薪，或者在害怕專案失敗，又或者希望從客戶身上多榨些錢，因為他們非常依賴我們。

2.2 佛教中的「小鬼」

在禪宗文獻中，常常可以看到「鬼」這個詞，例如「餓鬼」。鬼的形象在中國眾所周知，即死後重返生前住宅的人。顧名思義，餓鬼就是飢餓的鬼。與西方電影中的喪屍飲血不同，在中國「中元節」那一天，死去的祖宗會享用祭拜者上供的酒食。

在日本，有兩種不同類型的鬼：餓鬼和食人鬼。他們在很多方面與波斯食屍鬼或西方電影中的喪屍具有共性。

> 知道，尊敬的先生，
> 我是一個食人鬼，專吃人肉。
> ……
> 因為這種自私不敬的行為，我死後立刻重生，變成了食人鬼。因此，我不得不以這個教區的死人屍體為食。
>
> ——小泉八雲（Hearn，1904）

但在佛教中，有人告訴我，「餓鬼」不一定是死人，也可用於指活人。除了遊魂野鬼，餓鬼也包括那些活在自造地獄中的貪得無厭之徒。

如果你是伊比尼澤・史克魯奇的話，其實還算幸運。作為一位虛構人物，他的命運很容易修正。但在現實生活中修正命運卻並不容易。你不妨捫心自問：是什麼讓我受苦？我身體內外的鬼都有哪些？我住在哪一層地獄中？「職業生涯」地獄，或者「自大」地獄？

我當然有我自己的地獄。有段時間，我拼命地想要一台新平板電腦，雖然我並非真的需要它。我需要的應該是食物、水和一個可安眠的地方。但是我最好的朋友最近得到了一台，而且它看起來棒極了。於是，我自己也想擁有。倒楣的是，我當時正好錢花光了。為什麼我這麼可憐，沒能擁有這些錢？為什麼其他人看起來活得都比我好？

我將自己內心的鬼稱作「電子產品鬼」。找出它後，我反而覺得可以忍受誘惑了。我明白平板電腦會耗盡我的時間。由於沒有平板電腦，我有了更多的時間享用晚餐。

可是人之所以為人，難道不正是因為這些「鬼」的存在嗎？當然如此！現在你知道人的苦難所在了，能否承受苦難，或者希望停止受苦，一切由你來定。你不必放棄所有的欲望，藉此成為一名更好的程式設計師。但瞭解可以幫助你反思內心的鬼朋友，也就是你的心魔。

有些人喜歡自討苦吃，受苦成為他們的習慣。有時，他們只是害怕做出改變——他們更喜歡自己認識的鬼。這些人為自己的情緒所左右，不想改變處境或坦然面對小鬼。對於人來說，時而受些苦是必要的。我們也允許自己在此處或彼處受苦。但是有時我們也應該停止受苦，做些反抗。要避免養成受苦的習慣，另一方面，也要明白不可能永遠幸福。幸福和苦難，往往返返。找到兩者

之間的一個平衡點，這就是佛家稱為的「中觀」之道。認識自己的心魔，知道何時該坦然接受，何時該擊敗它們，有助於你找到自己的平衡點和中觀之道。

禪宗僧人安居於貧，因為一個很好的理由：結束苦難，終結生死輪迴。要行多遠，你自己做出決定。

2.3 八正道

佛說，我們需要遵循八正道以結束受苦。這些基本上就是如何完善生命的教導。八正道不能與十誡相提並論。前者不是命令，只是可以遵循的原則。用程式設計術語表達就是，它們是最佳實踐，而非「必須如此」。你可以採納這些建議，也可以不。在你死後並不會被懲罰下地獄。

如果你決定儘量減少受苦，盡可能遵循八正道，這是明智之舉。它們並非關於「做」或「不做」的僵化路徑。佛說，其修行之路是中觀之道，本身就蘊含八正道。

接下來我將簡單介紹八正道，我認為理解這些至關重要。它對於辦公室日常工作甚至日常生活都有助益。我在這裡提供的解釋是針對程式設計師進行簡化。我沒有詳述八正道的所有面向，那是禪師們的工作。此外，我不希望在這裡啟動一場關於「四種不同的思維形式」的科學辯論，這最終會導致我將佛教觀點與在大學裡學到的心理學知識進行比較，而這，並非本書的目的。

如果你希望瞭解更多關於八正道的知識，推薦閱讀《The Buddhism Primer》（Dhammasaavaka，2005）。

2.3.1　正見

　　正見的核心在於理解四聖諦——不僅是從理論上，更要發自內心去理解。也就是說，須當明白事物的緣起而非僅僅表象。這意味著，你應明白自己何時受苦、為何受苦，以及如何脫離苦海，離苦得樂。

　　對正見的解釋可能千差萬別。雖然聽起來確實很抽象，「正見」具有它寶貴的價值。

場景零：

　　保羅正在寫程式碼，此時麥克走進了辦公室，向他展示一部全新的智慧型手機。不久，保羅和麥克的四周圍了一群人。這款手機擁有迷人的新螢幕，而且是目前能夠擁有的最新款。沒有人知道麥克是如何得到這款手機的，因為它尚未公開發售，而且這款手機非常昂貴，只有少數人能買得起。作為一位有著兩個孩子的父親，保羅按理是沒錢買的。

　　有些人可能想：為什麼麥克能得到這款手機？為什麼不是我？保羅就是其中之一。但保羅擁有「正見」，明白了生而受苦：有這樣的想法是自然的。即使他得到了這樣一部手機，苦也不會結束，新的問題和苦又會出現。手機主人必須得小心保護它，免得被賊偷了。終究，保羅明白是否擁有這部手機並不重要。他戰勝了心魔，並且向麥克表示祝賀，後者於是向他講述關於如何得到這部手機的有趣故事。

場景一：

　　保羅回到辦公桌前，準備處理老闆喬的一封電子郵件，這封郵件有點咄咄逼人。這還沒完，幾分鐘後，老闆出現在保羅的辦公桌前，對他大聲呵斥。交代一下背景：保羅昨晚加班修改程式中的錯誤，今晨兩點才離開辦公室。經過 17 個小時的工作後，保羅向客戶發佈了一個修正版軟體。喝過啤酒，洗了個澡，

保羅癱倒在床上，精疲力竭。今天上午 10 點，保羅回到辦公室，比平時晚一小時，然後與麥克聊起後者的新手機，開始一天的工作。

喬怒氣沖沖，因為保羅上班遲到而且看起來很懶散。喬告訴保羅，一定有人喜歡他現在的這份工作，不想幹可以走人。保羅解釋說自己昨晚在辦公室修復了一個嚴重的錯誤，而且直到凌晨 2 點才下班，但喬並不在乎，堅持上午 9 點每個人都必須坐在辦公室。喬咆哮著。歸根結柢，喬認為這是保羅的錯，是他自己把程式碼寫得漏洞百出才導致不得不加班修復問題。如果保羅不吊兒郎當，不被 MP3 播放器分神，這類問題就不會發生。

可悲的是，這是一則真實的故事。我並不是保羅，我只是坐在他旁邊的同事。保羅其實是一位很不錯的傢伙，他甚至不知該如何回應老闆，雖然整個情況對他而言是絕對不公平的。最後，保羅道歉，並承諾當天將多工作一小時。

正見並不意味著要忍受喬的行為。但它意味著要看情況，並明白究竟發生了什麼。為什麼老闆喬如此不公正？

喬努力奮鬥以保持公司正常運轉。他總是接受低預算的專案，因此付給員工的薪酬也很低。這導致了令人難以置信的時間壓力和員工變動。他沒有足夠的時間反省自己的問題，只能日復一日，讓事態陷入惡性循環。每晚睡覺時，喬的思緒裡常常充滿痛苦。在這種情況下，他的員工上班竟然還遲到。沒錯，這名員工修正了一個最初由他自己導致的錯誤，客戶肯定高興得到修正了錯誤的軟體，但會怎麼想呢？這家公司只雇用失敗的程式設計師嗎？想到這些，喬感到更加痛苦！程式設計師真不應該造成這些問題，給他帶來額外的痛苦。由於喬沒有正見，他不能控制自己表現出攻擊性的行為，找到痛苦的根源。

也許我的解釋不夠準確，現實生活中的故事往往還要複雜得多。

有了正見，保羅就會明白為什麼老闆會有那樣的反應。正見告訴我們，凡事存在不止一種觀點（比如說，可能喬天生是個白癡）。不幸的是，保羅沒有關

於這種情形的「正見」。他很害怕失去工作，以為自己犯了可怕的錯誤，最後他認為喬的做法沒什麼不妥，甚至當別人告訴他情況並非如此時，依然如此。

請記住，「正見」不是「正確的觀點」。正見會告訴保羅沒有必要受苦。正確的觀點會對事實進行比較，並對情形做出全面的分析，進而得出「錯」或「對」的結論。但這裡並沒有「錯」或「對」的東西，所以你不能說對事物有什麼「正確的觀點」。

2.3.2　正思維

正思維是指我們做事情的方式。佛陀教導我們，行事不應夾雜私念。我們應該有善念並滅除瞋怒。我們不應該冷酷地攻擊性地對待他人，或者傷害他人。

當保羅走向麥克的辦公桌並談及後者的新手機時，這種行為看起來不錯。但不錯的聊天，其意圖卻可能有害。也許保羅試圖獲取有關手機的資訊，並散播一些關於麥克是多麼自私、傲慢和有錢的閒話。

思維方式會影響你的行為，無論你在作惡還是行善。攻擊性的情緒是你自己受苦的結果。如果不修復情緒，你就根本無法阻止自己受苦。當你的行為是帶著邪思時，你不僅在傷害他人，也在傷害自己。

當你帶著攻擊性的情緒在撰寫程式時，引入錯誤的風險就大大增加。程式碼變得骯髒。消極情緒從你這裡搶走了大腦處理時間。當一名禪宗程式設計師撰寫程式碼時，他只寫程式碼。如果他的心中充滿了攻擊性，就無法專注寫程式碼。

當你的思維不正時，先解決你的問題，然後再去工作。施行正見，或者嘗試跟別人說說話。

下面再舉一個更微妙的例子。

有一次當我在打坐時，忽然聽到隔壁房間一陣騷動。顯然，我的妻子遇到了一件小意外，因為在傳來某種噪音後，我聽到了她的咒罵聲。此時我可以站起來，問她是否需要一些幫助。或者，我可以認為靜坐冥想更重要，繼續打坐。

我想起一則來自薩金特·智浩的故事（Sargent，2001）。薩金特試圖在一個獨處的地方打坐。但是小鳥打擾她，讓她無法集中精力。她很生氣，關掉了窗戶，但噪音仍然持續不斷。然後她意識到，小鳥是她禪修的一部分。

同樣，我的妻子也是我禪修的一部分。當有人需要幫助時你就不可能靜心，因為你的思維是不正的。於是你的修行受到干擾。禪貴在踐行，你不能指望躲在寺院圍牆後面參透它。禪在現實世界中是存在的，也就是說，小鳥一定要唱歌，總會有人需要你的幫助。

我幫助了妻子，並獲得了她的「謝謝」。修行沒有被中斷太久，我仍然有清醒的頭腦繼續修行。

請記住這個故事，當你嘗試在辦公室進行禪修式的程式設計時。你需要與現實世界保持聯繫，不能忽視其他人。當團隊陷入困境時，自己卻在一邊喝咖啡，通常不是一個好主意。同樣的，認為禪修式的程式設計比幫助需要幫助的人更重要，也是不可取的。

2.3.3 正語

佛陀知道惡語可能會導致戰爭、絕望、悲傷或仇視。他告訴我們，我們應該以友善和藹的方式說真話。同時他也告訴我們，只有在必要時，我們才應該說話。

我曾在那篇流行的部落格文章《程式設計師的十條禪修法則》中寫道：

謹言。

這是指正語。此外，我認為人應該儘量不要使別人抓狂。原因很明顯。不妨設想一下，某位同事總是在團隊會議上對你的發言評頭論足，你的感受如何？

根據《法句經》：

比丘們！①比丘必須控制自己的舌頭；舉止必須良善，頭腦一定要冷靜、有節制，不能為所欲為。

——佛陀

同樣在《法句經》中，佛陀繼續教導：

能控制自己的嘴巴（話語），頭腦冷靜，言語睿智，解釋佛法的真諦，這樣的比丘語言甜美。

——佛陀

在今天的世界，很難做到謹言。社交網路讓我們能夠在任何時刻評論任何事情。我們的想法可以在數分鐘內傳遍全世界。有時候，我們對一幅圖片不到一秒鐘就發表評論，常常不假思索就按讚。我們不在意自己的的行為會產生什麼影響。今天，我們被大量毫無意義的廢話所包圍。

---

① 在遠古時代，佛陀的追隨者被稱為比丘，現在差不多可以將其理解為「和尚」。

如果大家將「正語」應用於與社交網路打交道之中，就不會看到某某出去遛狗、某某昨晚酒喝多了，或者某某不喜歡自己的早餐之類的無聊話題了。

一句話可以毀掉別人，不管是透過文字，還是言語。最低限度，也會傷害感情同時樹敵。要明智地思考你的用字遣詞。如果在工作場合能做到這一點，你就會發現它是一個更友善的地方。

正語意味著：

- 說真話，不妄語。

- 不搬弄是非，不暴語，言語溫和。

- 不謗語，不惡語，促進友善、團結。

- 不綺語，遠離一切戲論，不作無意義之空談，不花言巧語。

甚至當專案處於困境中時，你也會發現友善的話語有助於將無所適從的沮喪的人轉變成積極勤奮的思考者，進而渴望幫助解決問題。

佛陀說，我們應該說真話。

這應該如何拿捏呢？如果熟悉伊曼紐爾・康德的《道德形而上學》（Kant，2004），你就會明白我為何有此一問。康德的「絕對命令」會導致如下的兩難困境：

一個殺人犯找上門來。他懷疑潛在的受害者是你的房客，並要你交出他。如果你知道他有殺人意圖，你會說什麼？撒謊以避免你的房客被殺？或者說真話？

康德認為我們應該說真話，並且把房客的情況告訴殺手。如果你撒了謊，

「真相」一詞就會變得一文不值。現在的問題是你是否會被指控謀殺罪。誰知道呢，康德說。如果你說謊被兇手識破，他也可能會殺了你。更糟的是，他可能找到藏在倫敦地鐵裡的受害者並在那裡殺了他，所導致的恐慌混亂可能會導致更多人死亡。如果你說謊，康德會責怪你的。因為我們不能知道將來會發生什麼，康德建議我們總是說絕對的真話。

我不知道釋迦牟尼數百年前是否描述過絕對命令。但程式設計師有望不陷入這樣的生死兩難的困境。

惡語會比「康德困境」更糟：

Accipere fidem est voluntatis，sed tenere fidem iam acceptam est necessitatis.

——Thomas Aquinas

意思大概是：

信仰自願，但保持信仰則是必要的。

——多瑪斯·阿奎納

多瑪斯·阿奎納解釋說，我們可以自由地選擇自己的信仰。但是，如果選擇了，就要堅持下去。他要求對異教徒處以死刑。鑑於其暴力言論，他被認為是古代造成數千人死亡的異端審判的根源。

不提過去，另外一些情形看起來更熟悉。

試想有一個開發團隊希望向客戶提交軟體。在做到這一點之前，自動單元

測試出了問題。程式碼看起來沒問題，但建構系統本身似乎被破壞了。很難找出問題所在，因為團隊中的每個人共享相同的系統登入帳號。安琪拉和湯姆被指定解決這個問題。問題變得越來越緊迫，不久，湯姆告訴安琪拉，可能是他某天造成了這個問題。他要求她不要告訴任何人，因為他害怕失去工作。安琪拉答應了，利用湯姆提供的資訊，他們倆解決了問題。後來他們的老闆來到安琪拉的辦公桌前，並詢問問題的根源，順帶一提，老闆看起來非常生氣。

安琪拉應該說些什麼？

我覺得沒有很好的答案。安琪拉答應湯姆不談論他的過錯；另一方面她應該說真話。也許最好的答案是她告訴老闆問題出在哪，但不透露湯姆的名字，因為有承諾在先。不過，我們可以想像她的老闆將會多麼抓狂。

今天的軟體專案已不是人們想像的僅僅是撰寫程式的問題，它還建立在大量的溝通交流上。「正語」對於專案的每一位參與者都至關重要。

2.3.4 正業

第二道德原則，正業，包括身體作為表達的自然方式，因為它指的是涉及身體動作的行為。不正當的行為會導致不健全的心態，而正行則會帶來健全的心態。

——Dhammasaavaka（Dhammasaavaka，2005）

如果你做了壞事，你的心念會為你帶來地獄。如果做好事，你的心情是輕鬆的。就這麼簡單。

佛陀說，你不應該做侵害他人的事情。戒殺生，殺人或自殺都是有害的行為。戒偷盜，不是你的東西不要拿。戒邪淫，你的性事不應該傷害到他人。

在日本古代，殺人和自殺被區別對待，這跟今天不一樣。18 世紀，有一個關於 47 名浪人的故事（Mitford，2005）讓人印象深刻。[1]

在 18 世紀，有一位日本大名（日本封建領主）死了，原先受他指揮的武士變得群龍無首，成為浪人。是吉良用計殺死了大名淺野，他故意出言不遜激怒淺野，導致淺野用刀傷了吉良。由於這種行為當時是被禁止的，淺野被判切腹自殺。於是淺野的三百武士成了浪人。其中 47 人計劃了兩年多進行復仇。最後，他們攻擊吉良的城堡，殺死了他的許多手下，最後也殺了吉良。武士道[2]推崇這個行為，但在幕府時代禁止這樣的報復，所以浪人們被判處自殺。武士們當然預料到會發生什麼，他們切腹自殺了，這就是故事的結局。在日本，47 浪人因為忠誠而非常有名，是很多人的偶像。

從武士的角度看，他們做了「正行」。正如傳說，他們不懼怕切腹自殺。他們保持心平氣和，甚至在死亡來臨的時刻。如果他們中的某人對自己的行為產生懷疑，他的信念將處於不健全的狀態。即使遠離了佛陀的本意，「正行」仍然是有意義的。

在一項軟體專案中，任何時間我們都要做「正行」。

我們每天帶著心念工作，從智慧財產權角度來看，有時很難說究竟是誰提出了一個具體的主意。很容易從一個巨大的程式碼庫中提取一些檔案，修改它，並把它上傳到 GitHub 或 BitBucket 上。

---

[1]　A. B.米特福德於 1871 年寫下了這個故事。他的這本優秀著作仍然在出版，可以在 Google 圖書中找到它。

[2]　武士道是日本武士生存之道。它意味著遵守某些嚴格的道德準則。

有時候我們的工作需要利用社交網路，但這很罕見。我們應該在空閒時間使用社交網路，工作時間透過它們瀏覽訊息等於是在偷懶。似乎這只需短短的幾分鐘，但果真如此嗎？關於瀏覽社交網路的一個論點是可以在沉重的程式設計任務之間放鬆身心。雖然我們不應只是個寫程式機器，但瀏覽社交網路肯定不是正行。這更像是對一個已經超載的大腦繼續加載。在辦公大樓間散散步，或向窗外眺望，是更好的放鬆方式，對你和你的雇主都有益。

在公司中，性騷擾是一個嚴肅的問題。對這問題沒有必要細說，一句話就可以了：遠離它。

正行基本上總結了許多公司通常稱為「行為準則」的東西。它的存在可以保護人們免受他人傷害。傷害別人是徹頭徹尾的惡行。這就是為何你應該「正行」。

2.3.5 正命

我們應該以不傷害他人的方式謀生。屠夫或肉類產品工人的工作，販賣酒精飲料、毒品、奴隸或動物都是在傷害，軍火交易也是如此。

乍看之下，程式設計師並沒有這方面的問題。但請不要忘記，你可能在為從事軍火交易、酒精飲料或肉類產品銷售的公司開發線上商店。如果有朝一日你希望成為一名佛教徒，你需要重新評估你的客戶對象。在今天，為了賺錢很容易就會幹壞事。

本書的讀者極可能不是佛教徒，僅僅是想從程式設計師的角度看禪。幸運的是，在禪宗看來，你要自己證明自身行為的合理性，佛陀的建議並非「十誡」。

　　然而，程式設計師應該只從事符合他個人道德原則的軟體專案。如果對一項軟體專案感到懷疑，你就不應該去做。幸運的是，在這個地球上的發達國家，很多程式設計師說「不」是相當容易的，因為很容易找到一份新工作，但是在發展中國家就比較困難了。首先，有一份工作就已經很高興了，因為你需要賺錢養家糊口。其次，整個社會都會向你施加壓力，而且你可能別無選擇。

　　我很幸運，生活在一個富裕國家，讓我有條件說「不」，而且過去已經這麼做了。我拒絕為核能公司以及危害環境的公司工作。我對軍火公司也是嚴格地說「不」。但我很樂意幫助朋友建構他的網站，該網站從國外進口蘋果酒到德國，即使從佛教的觀點來看不建議飲用含酒精的飲料。

　　通常你自己可以決定是否接受專案。有時你可以自主地勇往直前，有時你則身不由己，不得不面對自己不喜歡的事務。即使澤木興道禪師也有這樣的問題，他曾在日俄戰爭期間服役。

　　也就是說，在接受不符合你的道德規範的專案之前請三思而行。如果你確信自己需要賺這筆錢，請務必意識到，從長遠的觀點來看你在出賣快樂。從你認為不道德的專案賺錢，你最終會為自己的地獄火上澆油。

2.3.6　正精進

　　你的內心的能量可能會導致侵略、挫折和暴力等。八正道說我們應該努力提高和保持內心的健全狀態。我們應該拋棄或防止消極狀態。換句話說：**轉變思維**。你自己決定了你的一天將是美好的還是糟糕的。

　　人的內心很容易變成消極的狀態。喬恩的老闆忘了喬恩是一名初級程式設計師，剛從大學畢業。也許他因為某些事而指責喬恩，其實那些事情是別人做

的。在情況明朗之前，喬恩的老闆走了，給他留下了許多需要處理的事情。

喬恩可能在當天剩餘的時間裡充滿憤怒和沮喪。最後，他可能下班回家告訴妻子發生了什麼事。即使喝了很多啤酒，他的夜晚也徹底泡湯了，連做的夢也是可怕的。

或者，當老闆離開時，喬恩可能笑了。因為其實錯的是老闆而不是他。老闆在咆哮前未能瞭解情況。這是不公平的，如果喬恩因此失去工作，就像開了一個糟糕的玩笑。

笑，可以幫助喬恩回到更積極的心態。在這種情況下，他別無選擇。他為什麼要為這浪費更多的寶貴時間呢？更糟的是，喬恩的妻子也會生氣。如果喬恩有孩子，孩子也會意識到發生了一些不好的事。其實沒必要把你的老闆想得多麼嚴重，不過是一個可悲的失控男人罷了。

你還記得麥克向保羅展示新手機的故事嗎？當保羅意識到自己迫切地想擁有那樣的一部手機時，他應該坐下來，深呼吸，試著控制自己激揚的情緒。不需要得到這部手機——試著驅除自己需要它的想法。

正精進意味你要試著保持對內心的控制。

2.3.7　正念

具有正念可以幫助你認識自己的身體、想法、感情以及外物。這有點像今天心理學家所說的「反思」。看清你自己和周圍事物的能力應該越強越好。當你傾聽自己時，你不僅能夠克服欲望，也能夠解決其他問題。

作為程式設計師，我們不得不經常加班。也許客戶已經發現產品中一項缺

陷，放過它就意味著會導致付出每小時數千美元甚至數百萬美元的代價。或者軟體的新版本無法按計劃發佈，進而導致市場部門出現可怕的問題。或者專案只有很低的預算。有時我們為低預算專案工作，而且要加夜班，但過了一定的天數後就可以重歸自由。這並不是一種生活和工作的好狀態，但有時的確難以避免。

　　我們可以很長一段時間在高壓力下工作，但終將有一段時間會感到疲倦。當有這種感覺時，你一定要認識到並且尊重它。你的身體告訴你應該關閉大腦，休息一下。當然，你可以暫時無視身體的信號，但最終會導致疾病，萎靡不振，甚至死亡。在日本，對此甚至有一個專門的術語，即「過勞死」。

　　在寺院中，同樣有很多繁重的工作在等著你。但這是一種不同的、比較有條不紊的工作。當然，你起床很早，但你不需要從早上 6 點到晚上 10 點在繁忙和緊張的環境下工作。僧人吃飯、打坐甚至去洗手間時，都很專注。管理者通常有一場商務午餐會，有時在睡覺時進行睡眠學習①，並且直接從洗手間回覆手機簡訊。失調的人有時會忽視自己的身體，即使它表現出神經性皮膚炎、耳鳴或持續的頭痛。

　　正念是指你意識到自己的欲望和情緒，認識自己的身體和心靈，這非常有助於保持好的心態。

2.3.8　正定

　　我們的頭腦很容易分神。有時我們去工作，啟動電腦，希望能快速且有效

---

① 睡眠學習即是一種在睡眠時進行學習的方法。在準備上床睡覺時，播放一支教學錄音檔，第二天起床你會感覺似乎學到了一些東西。我從未嘗試過，不知道它是否奏效。

地工作，早點離開辦公室回家。然而，傳來科技界最新消息的第一封電子郵件通常足以改變我們的計劃。然後是即時通訊軟體，每日一杯的咖啡，與一位同事的愉快聊天。上午 10 點，你終於可以開始工作，但是你開始做白日夢，想著附近的海灘。最終，你要在辦公室一直待到晚上 8 點才能趕完工作。

佛教的正定實際上不是指專心工作。它是指冥想。在冥想時，你主要專注於自己的呼吸。資深學員甚至不需要專注於呼吸。武術及其他日本技藝幾乎都是關於呼吸和「氣」的。當你練習冥想時，正定會不期而至，有時一整天都是如此。這將幫助你集中精力，讓你放鬆，感到安寧。在生活中每一種情境下保持頭腦冷靜的狀態，這是許多人的目標。

有了正定，你就可以更完善地設定事務的優先次序。你可以將新聞郵件從思緒中移走，甚至可以等到明天再處理。雖然即時訊息總是在不斷地敲擊你的腦袋，要求你做出立即的回應。但我們不是機器。作為程式設計師，我們有一個寶貴的資產：專注力。我們不能讓它失去控制。人們需要等你有空時再回應即時訊息。

正定可以幫助你高效地完成工作，享受理所應得的海灘之夜。即使在海灘上正定也是有益的，你應該享受海灘，不應該讓工作分散注意力。躺在海灘上也可以是很好的禪修。

對我來說，冥想練習非常重要。老實說，它救了我。在我感到倦怠時，它使我重新腳踏實地。澤木興道大師比我更幸福，他一文不名，卻仍然非常努力地工作。他有一個非凡的人生，強調冥想（打坐）對其一生都非常重要。

我因為澤木興道禪師而開始認真進行冥想練習。我並不確定我能從中得到什麼。我開始修習只是因為這也許是我能做的最好的事情。期望從冥想修習中得到任何東西都是錯誤的，儘管去做就是了。

利用冥想訓練正定。雖然這看起來很有趣，其實是很辛苦的。尤其是，如果你去一個靜居處，與其他修習者成排打坐，進行連續三天的冥想練習，你就會發現是多麼累。透過冥想，你會排出思維垃圾，重返大地。你退出日常事務。它讓你遠離「作為員工的你」，將你帶到「作為人的你」。許多高級主管練習冥想，猜猜看是為什麼？

第 3 章
Chapter 3

為什麼要進行禪修程式設計

禪是個嚴肅的東西，它可以改變你的人生觀。不過只有你自己想要改變時，它才起作用。我將肯自律、務實、腳踏實地的程式設計師稱作「禪宗程式設計師」。我相信，即使世界顛倒了，他們仍然友善、可靠。這與他們的宗教信仰基本無關，而是事關其行事作風。本書的目的正是幫助你達成此目標。

改變思維方式不是一項簡單的工作，需要終生學習。我本人也仍然在修習，距離說「目標達成」差很遠。要是你始終在思考目標，你就迷失了方向，要將目標看作修行道路的一部分。你偶爾會迷路，終歸你將回到正途。不要試圖做一名完美的流浪者。請試著跟隨內心的方向，但不必期望過多。

回到標題：為什麼要進行禪修程式設計？如果你正有此疑問，本章就來讓你明白出了什麼問題，為什麼你應追求改變。

3.1　無法擺脫的困境

是什麼讓專案變糟？何時起我們下班回家時開始心想：「我再也受不了了，

我想離職」?下面是程式設計師不時要面對的一個問題清單,這些問題讓我們筋疲力盡。而通常我們又躲不掉,不得不設法去應付。

3.1.1　錯誤的團隊

如果你不幸處在一個錯誤的團隊中,問題則免不了。大家也許都還不錯,但是當其中某人因為錢的事情不高興,或者對瑣碎的任務感到厭煩時,他就可能破壞團隊的氣氛。其他人可能只顧著自己的事業,這使得他們變成了糟糕的團隊夥伴。某人會認為自己是在幫助這些人實現他們自己的事業目標。如果一個團隊成員的知識太少,也可能出現不友善的情況。如果你從事的工作與你的技能不相符,或者沒有人能夠幫你邁出第一步的話,你也可能陷入麻煩。

團隊需要和諧。如果你有幸身處「分享同一個夢想」的團隊,一切都很美好。如果你的團隊充斥著討厭鬼或自負之人,你可能會經歷一段非常艱難的時光。

3.1.2　荒誕的需求

一些專案需求讀起來簡直是科幻小說,抽象,一點都不現實。有想像力當然很好,但想像力必須適應團隊。如果專案團隊中有許多應屆畢業生,你不太可能在第一版就建立出基於雲端的最佳試算表。

有些客戶往往以為軟體需求一句話就可以說清楚:「該產品必須像社交網站 X,只是有一點不同。」「事情不會太難,有公司已經提供了免費版。」「這只是一個留言板罷了。」這些需求最終導致極大的不滿。客戶從未獲得自己滿意的產品,開發者也根本無法滿足客戶,而且覺得自己難以勝任這項工作。

3.1.3 外行的期望

不清晰的需求導致了外行的期望，不僅如此，有時人們似乎把程式設計師當成了超人。

當你剛接手一項專案時，根本不可能成功對有著 100,000 行程式碼的程式進行除錯。無論是不是產品問題，程式設計師都需要時間先讀懂程式碼，然後才有可能修復它。

像「這只是一個按鈕罷了」或者「老手程式設計師五分鐘就搞定了」這樣的話根本無濟於事。除此之外，「五分鐘的修復」也許正是需要修復的根本原因。

3.1.4 咖啡機下度夜

一些時候，超越身體極限，儘量把活幹完是必要的。假設產品中存在一個根本性的軟體故障，我們要盡力救援。這往往需要額外加班，工作到半夜甚至更晚。

軟體的問題是如此關鍵，以致程式設計師往往被期望熬夜處理，直到問題解決。我身邊最好的程式設計師曾被發現在咖啡機下方昏昏睡去，雖然他奮不顧身地想保持清醒，但最終失敗了。在一些人的心目中，在咖啡機下睡覺展現了程式設計師對專案的認真。

雖然這樣的生活有時很有趣，但長此以往會導致嚴重的問題。如果你的這種行為「修復」了事實上是管理不善的問題，那就更糟了。當需求變化時，或者由於公司政治致使專案管理者承諾了一個最後期限時，你就會遭受非常令人沮喪的經歷：有家不能歸，有床不能睡。

3.1.5　被忽略的非工作生活

程式存在軟體缺陷，這很正常，無法完全避免。心理學家發現人們可以很容易地同時思考三件事。但如果多於三件事，大多數人的思維都會出現問題。然而作為一名程式設計師，我們必須同時記得更多事情。

通常在程式設計師的周圍有很多干擾，比如：

- 咆哮的專案經理；

- 沒完沒了的電話和會議；

- 在高壓下工作；

- 或者是家庭、健康或財務問題。

程式設計師受到的干擾越多，撰寫出缺陷程式碼的可能性就越大。讓一些分心的事可以保持在最低限度，以免他人受到影響。例如家庭生活，這是我們人生的重要一面，雖然有時它也相當無情。

無論誰在評估專案的預算，都需要安排一些額外時間考慮到程式設計師的非工作生活。不能僅根據專案成員的工作經驗來計算預算額度，需要考量他們的現狀。為了正確地估算，你需要知道有人家裡是否有個懷孕的妻子，大家是否都健康，或者是否已從之前疲憊的專案中恢復了元氣。

忽視生活就意味著忽視風險或機會。

將大量無聊的任務交付給一名精力充沛的人，意味著你錯過了一個絕佳機會。而將極度複雜的任務交付給一名心繫著家人健康問題的人，則會增加風險。

如果程式設計師意識到自己的生活長期被忽視，這會使他感到沮喪和疲憊。

3.1.6　威脅產生的動力

威脅無疑不是一項好的激勵策略，但仍然被廣泛使用。「如果你不能熬夜加班，就不配當一名程式設計師，而應該去做一個園丁。」我的一名同事曾這樣說過。威脅會引起恐懼。除了黑暗外，害怕失去生存的基礎也是人類最強烈的恐懼之一。

要是某人遭遇一陣威脅後，不得不在恐懼中工作，那他絕對是「職業倦怠」症的最佳人選。

3.1.7　無端變化的需求

專案經理走入房間，扔下新的需求，然後走人：這就是「直升機式管理」方式常見的場景。如同直升機著陸、揚塵並再次起飛。有些人精於此道。他們的大多數需求未經過深思熟慮，而且在專案實施的過程中毫無預警就改變了需求。

當需求不明確時，就會失去目標，任務永遠無法結束。每一次會議都顯得荒謬，所有討論結果都是廢話。最後，整個專案都被質疑，自己每天做的事情的意義也會受到懷疑。

3.1.8　貪婪

在現代社會中，如果你不能決定像僧人那樣生活，你就需要金錢維持生存。

在某些場合下，公司——嗯，我們還是說公司的管理層吧——他們會竭力從專案中榨取每一分錢，對員工看都不看一眼。

2012 年，富士康中國公司（它是蘋果公司的合作夥伴）發生了一系列抗議運動。工人要求改善工作條件。

在西方國家，你可能被迫一直住最廉價的旅館，坐最廉價的交通工具，而且使用最廉價的辦公設備，即使你負責的專案非常成功，為公司帶來的利潤豐厚。

節省本該花在員工身上的錢，進而證明公司的盈利能力是多麼強，可能是管理層犯下的最糟糕錯誤。我見過很多人因此而離開公司。

3.1.9　其他成見

對於那些讓程式設計師沮喪的事情，我可以寫一整本書，在本章我們就已經看了其中一些。

這裡有一些更多的成見，你也許聽說過。

比如，優秀的程式設計師

- 如果能用 Y 語言寫程式碼，就能用 X 語言寫程式碼。

- 可以迅速地解決問題，其中大多數能在一分鐘內搞定。

- 不會寫有缺陷的程式碼。

- 不需要撰寫測試程式碼。

- 喜歡深夜還在為客戶撰寫程式碼。

- 不在電腦旁或辦公室裡也能對程式碼進行除錯。

- 瞭解關於硬體、最新的 IT 趨勢以及框架等的一切，無所不知。

- 不與客戶交流就能夠理解客戶的意思。

- 熟悉各種作業系統，從底層到上層，包括每一種行動裝置上的系統。

- 可以撰寫運行在每一種裝置上的程式碼，並且無需重新編譯，無需變更裝置，也無需付出額外的努力。

這個成見清單可以說是無窮無盡的。我們無法教育人們停止相信諸如此類的故事。即使是專家也無法做到。相反地，我們需要基於日常準則保護自己免受成見的干擾。

3.2 「職業倦怠」綜合症

在寫作本書時，「職業倦怠」（burn out）綜合症在德國是經常討論的話題。從根本上說，它描述了因勞累、疲倦或類似的原因導致的某種類型的崩潰。如果你有過同樣的經歷，就知道這種疲憊程度是健康人無法想像的。它會導致抑鬱症，極端情況下會導致自殺。診斷這種疾病不容易，正因為如此，一些人認為根本不存在「職業倦怠」綜合症。

3.2.1 確實存在職業倦怠症嗎

有些人說，那些抱怨崩潰的只是些是懶人，他們肯定不是生病。這些人將

它與自己很多年前的經歷進行比較，驚訝地發現，自己以前也是這樣工作，但從未聽說過什麼職業倦怠症。

另外一些人之所以感到疲憊，確實只是需要休假。在經過一段時間的緊張工作後，這些人將疲勞稱作職業倦怠。有時候，他們僅僅是因為太累了，連出去喝啤酒都懶得去。

但有些人我認為確實患了職業倦怠症。如果你是這個群體中的一員，很可能已經沒有任何精力或時間來討論自己的問題，更會去擔心如何度過每一天。有一些人成功擺脫了這種痛苦煎熬，將那份經歷寫成書。可以想像，必然是段可怕的經歷。

在前面我們看到，對職業倦怠症的診斷是困難的。醫護人員如何能夠區分一般的疲憊和職業倦怠症呢？既然後者被認為是一種心理疾病，如何與其他疾病區分開來？職業倦怠症未必一定會表現出抑鬱行為或其他症狀，甚至當一個人努力工作時也可能患上上述症狀了。事實上，的確很難診斷一個人是否患上了職業倦怠症。如果某種病是由細菌引起的，這可以確診，但像這樣的心理疾病？這就是為什麼職業倦怠症不為很多人相信的原因。在日常談話中誤用該術語也許是另一個原因。

我還樂意提到 DSM-V，即由美國精神病協會（APA）出版的《精神疾病診斷與統計手冊》。它基本上是一個分類系統，用於診斷 ADHD 或暴飲暴食之類的症狀。值得注意的是，職業倦怠症仍然沒有定論。換句話說，尚不存在識別職業倦怠症的標準方法。

雖然我不是專家，但你可能想知道我堅信職業倦怠症是一種既存疾病的理由。我之所以持有這種觀點，是因為在工作之餘我開始研究心理學，並且對心理學的一般工作機制感興趣。關於這項主題的文獻有很多，其中一些屬於科學

層面的論述，如果希望瞭解更多的知識，你應該閱讀那些書籍。

3.2.2 導致職業倦怠症的基本因素

職業倦怠並不侷限於高層管理人員，每個人都可能患上。有一個案例記錄，有一名牧羊人放牧二十年患上了職業倦怠症。雖然患上的是職業倦怠症，但報刊雜誌常稱之為「疲勞綜合症」。

作為一名軟體程式設計師，存在很多致病因素，其中很多與之前提到的有聯繫。

馬蒂亞斯・布里奇是一位德國科學家，他寫了一本關於職業倦怠症的優秀著作（Burisch，2006）。他在德國家喻戶曉，其研究顯示，職業倦怠根源於錯亂的工作時間、即刻的反應要求、緊迫的任務期限，還有競爭。程式設計師對這些都非常熟悉，但實際上，布里奇幾乎研究了所有職業群體。

他還提到，有人在令人疲倦的環境中工作，但並沒有遭受職業倦怠症的困擾。例如，與在其他地方工作的護士相比，在重症看護病房工作的護士反倒更不容易患上職業倦怠症。為何有此差別？

布里奇推斷，職業倦怠是一種結合了多種因素的複雜的綜合症。不是每一種緊張的環境都必然會導致職業倦怠。而且每個人應對處境的方式不同。在相同環境下，某位程式設計師可能遭受職業倦怠症，但另一位程式設計師卻可以應付而不出現任何嚴重問題。在這種情況下，第二位程式設計師可能會認為第一位程式設計師不夠堅強。這是一個錯誤的結論，因為它可能是多種因素交織而導致的問題。除了所面臨的一般問題，第一位程式設計師也許還承受著別的社會壓力。

根據布里奇的研究，以下因素可能會導致職業倦怠症。

- 超負荷工作。

- 失去控制。

- 回報很少或沒有回報。

- 判斷力故障。

- 很少有公平或不公平。

- 倫理衝突。

這些在前面已有體現，這裡就不再贅述了。

3.2.3 事實

忽視時代變遷，往往是 IT 管理者在討論職業倦怠症時的常見反應。有人說：「在我年輕的時候，我也是工作這麼長的時間。」另一些人說：「他們只是懶惰罷了。」在德國，一些 IT 管理者指出其他國家沒有人患這種疾病，因此職業倦怠症一定是虛構的。

在職業倦怠症方面，真能將 X 國與 Z 國進行比較嗎？德國有一個龐大的醫療保健系統，每個人都能獲得足夠的食物和水。一個最大的問題不過是氣候逐年變糟罷了。在非洲則是另一種情形。那裡到處是飢餓，缺乏工作機會，甚至無法保證潔淨飲水的供應。要是一個人還在為飲水發愁，可能就不會在意職業倦怠症這樣的問題了。

幾年前，有一間德國報紙頭條報道：「日本已經倦怠了嗎？」作者提到，越來越多的日本人感到職業倦怠。我的判斷是，具有較高工業化標準的富裕國家

有更多的時間和資源來對付這種疾病，包括識別它們。這並不意味在其他國家不存在這種疾病。我堅信德國也有。

德國《Focus》雜誌發行量很大，受眾廣泛。該雜誌發表了一些有趣的統計數據（Gebert，2010）。1993 年，大約 30%的傷殘致因是肌肉骨骼疾病。到了2008 年，這個因素下降到 15%。相反地，心理疾病因素則上升到 35.6%。這些數字顯示，二十多年來，我們的工作性質已經發生了很大的變化。在這篇文章中，一位心理學家解釋，我們的工作結構變得遠比過去複雜，但並非每個人都能適應這些工作。

二十年前，智慧型手機等數位產品還未出現，現在，這些玩具耗費了我們大量的空閒時間。程式設計師總是被希望熬夜學習新東西，跟上時代要求。我們需要學習不同的作業系統，不同的社交媒體工具，閱讀程式設計書籍。除了這些，一星期至少需要工作四十小時。大腦中的資訊將我們淹沒，使我們無法得到休息。

報紙還報道過許多連環自殺（Kläsgen，2010; BBC，2012）。在法國電信，2008 年和 2009 年有超過三十起自殺案例被記錄，平均每個月至少有一例。我們能夠看到這項統計數據的簡單原因是，在法國自殺被算作工傷事故，而在德國並非如此，所以德國這方面的數據無人知曉。

DAK 的《漢堡衛生報告》提供了更多的數據（DAK，2010）。DAK 是一間德國健康保險機構。其數據顯示，心理疾病是目前休病假的第三大原因。每個病人平均休病假 25 天左右。約 7%的漢堡市民因心理疾病年休約五週病假。

2012 年的年度壓力報告也不樂觀（Lohmann-Haislah，2012）。自 2006 以來，員工最大的心理問題包括多工處理（58%）、過於緊迫的期限（52%）和頻繁重複的任務（50%）。超過 44%的員工表示自己經歷過不間斷的干擾。

3.2.4　職業倦怠症的五個階段

工作與生活要平衡，這不僅僅是說說而已。你需要保持健康，當你是團隊的領導者時，還要對團隊負責。病假會讓你損失大量的金錢和時間。

如果有以下狀況出現，你就應該小心了！

- 工作佔據了你生活的中心位置；

- 你將自己與他人隔開；

- 你變得憤世嫉俗；

- 你易與他人發生衝突；

- 你患有抑鬱症。

這個列表被稱為職業倦怠的五個階段。要是你聽說某位同事突然不踢足球了，或者再也不出門，你應該為他擔心了。

3.3　自生自滅

我們可以嘗試交流想法，但如何確定對方理解我們想要表達的東西？

所謂的「理解」，與當時的語境和生活環境緊密不可分。此外，我們的思維本身也不同。這使我們不可能像交流電子郵件那樣交流想法，以程式設計術語說，就是沒有共同的資料格式。當我說「蘋果」時，我腦海中的形象不會和你

腦海裡的一樣。甚至當我自己把它畫出來時，它也不會像我最初想像的那樣。退一步來說，即使我能做到這一點，對同一個圖像的感受你我也不會相同。這是因為感受與情境和你自己的經歷有關。

這些都表示，沒有人會與你我相同。我們可以試著表達，但沒有人能夠精確地明白。這就是我們獨自生存的原因。世界是孤單的。

我們將獨自死去。你或許有很多朋友，也可能是個富人，但歸根結柢你最終將獨自死去。在這件事上，沒有人可以陪你。也沒有人可以與你交換。

最終，死亡時刻來臨，我們離開，但沒有人與你一道。你將獨自上路。

人生中唯一不變的就是一直在變。一切都隨時間流動，如溪水潺潺流淌。子在川上曰，逝者如斯夫。但這沒有理由悲傷。如果理解這一點，我們也就可以理解人生的獨立性。我們不能為別人而活。這是我們自己的人生，無法交換，不能分享。

> 不管發生了什麼，那都是你的人生。
>
> ——澤木興道（Sawaki，2008）

一旦明白這個道理，就可以自由地去生活，心無掛礙，拒絕悲傷。要是我們遭受意外，失去了一隻手臂或腿，生活可能會陷入麻煩。但這就是人生，必須面對。即使沒有腿，我們仍然可以擁有美好的人生。一切只在於從不同角度看待問題。

當我們得到一份工作卻為它受盡苦頭時，這也是生活。沒有理由去停止，陷入悲傷和絕望中。禪修能夠讓我們看清事物的真相，明心見性。如此，我們便可以心平氣和地，接受生活中發生的一切。

第 4 章
Chapter 4

氣禪和程式設計

4.1 引言

這一章講述如何在程式設計中腳踏實地。本章所述都是些即刻可用的方法。它們不僅有來自日本的思想,還有很多世界各地的禪術,我認為這些都有利於你保持禪心。

很有可能,你之所以讀到現在這段文字,是因為你感覺自己在現實世界迷失。最可能的是,你被工作所控制,它佔據了你生活的大部分,甚至全部。

我們經常忘記,自己只是個普通人。忘記我們需要食物、需要休息,甚至有時只是需要一些舒心溫暖的話語。我們忘了,對面的那個傢伙也是如此。透過下文介紹的修習方法,我重新學會如何感知這些東西。

禪不是紙上空談,而是切實的修煉——身心兩方面的修習。

首先來看看公案修習。公案是禪師出給弟子的謎題,通常難以用理性思維

解出。公案表示禪不能用理性的思維去開悟。最著名的公案之一是下面這個：

雙手鼓掌，會發出聲音，那麼單手鼓掌的聲音是什麼？

這則公案出自於臨濟學派一位有影響力的禪師白隱慧鶴。這椿公案有很多種答案。其中之一便是：

唵。

但如果你也這麼回答師父，他多半不會接受。你應該自己尋求答案。禪僧們有時要花多年才能為他們的公案找到一個滿意的答案。

作為一名尺八吹奏者，尺八的聲調就是我的公案。吹奏沒有答案。我甚至不敢說只要練習就會吹出正確的聲調。我可能吹幾千個小時，但還是找不到調子。我的公案永遠不會了結。

僅僅讀書是不可能掌握禪的。意識到這一點，我試著尋求各種辦法使自己的頭腦保持良好狀態，進行禪修——甚至是在辦公室中。

4.2　氣：呼吸與活力

在我所瞭解的日本技藝中，它們都有一個共同點，即都講究用氣。包括武道也是。氣來自於道教詞彙，意為能量或者呼吸。據說，當你在修煉時，你其實是在增強你的氣。儘管氣在某些技藝中明顯提得更多一些，但所有的技藝都是以氣為基礎的。

有一次，我和幾位日本朋友用餐。我們都使用了筷子。沒多久米飯端了上

來，每個人都得到自己的一份。我不太習慣用筷子，因此把米飯從碗裡夾出來有點費力。最後，大家都對我的行為大笑不已。主人說：「你必須用氣來夾米飯！吸氣，就像你打坐時那樣！」

是的，呼吸：沒有呼吸我們都將死去。就是這樣。還是老問題，我們很少思考自己是如何呼吸的。在日常生活中，我們進行淺呼吸，空氣只是輕輕地摩擦肺的表面。你可以在網上搜尋一下赫伯特・尼奇，他是一位著名的自由潛水者。從他身上你發現什麼？自由潛水很可能將提升你的呼吸能力。但不僅僅如此，藉由專注呼吸，自由潛水也將鍛煉你的心率和其他身體機能。

呼吸不僅是對自由潛水有幫助。在我因為荒唐的工作量或是某個可笑的程式設計錯誤而激動或緊張時，我就會想起那碗米飯。沒必要去咒罵、大笑或者恐慌。於是我深呼吸，並試著去感知它。呼吸讓我的氣增強。伴隨著吸氣，將米飯從碗中夾出不再困難。同樣，在你努力修復產品 Bug，客戶卻對著你咆哮時，呼吸可以讓你保持冷靜，發現更多的軟體錯誤。

坦白說，氣也可以脫離任何形而上學進行解釋。呼吸能夠降低激動情緒，增加專注度。當你雙手鎮靜、心如止水、大腦充滿氧氣的時候，就是你擁有強大的氣之時。無論怎樣解釋——從通俗角度，或是從生物學角度，氣都是值得擁有的好東西。

4.3　氣禪：寫程式的方法

氣只是一個概念，氣禪則是一種修習方法。修禪的方法多種多樣。例如，吹禪表示吹奏尺八的方式，坐禪是靜坐冥想的方式。經過大量的研究後，我決

定用氣禪來形容「程式設計之道」。[1]

用術語氣禪描述氣，不僅僅侷限於呼吸或能量，也有撰寫程式碼、標記、符號等含義。同時，氣禪還意味著「行動」。可以將氣（Ki）發音為英語單字「key」。

對我來說，氣禪所表達的正是我們想要的，即撰寫程式碼的方法，或稱符號表示法。

4.3.1　理性思維和混沌思維

我們都有過這樣的經歷：思維在幾個任務間不斷跳躍，就是無法安定下來。如以下場景就可能發生在你的工作中：

有一名程式設計師，不妨稱之為麥克，來到辦公室，倒了一杯咖啡或茶。他啟動電腦，坐在辦公桌前。麥克為今天制定了一項計劃，然後開始閱讀一些 API 資料。幾分鐘後，他想起昨天的一封電子郵件，於是開啟郵件客戶端。在回覆郵件時，他的思緒跳躍到推特，於是花了幾秒鐘開啟推特客戶端。雖然他希望儘快回到那封電子郵件，但他發現了一些有趣的新聞。於是，他點擊了幾個連結，閱讀了一些頁面。最後，他又想起了電子郵件。現在，由於已經在推特上，他決定先閱讀自己訂閱的所有推特新聞。繼續瀏覽了幾個網頁後，他強迫自己做一些實際的工作，因而回到電子郵件。這時，他對自己感到生氣，因為已經耗費了相當多的時間。最後，他開始撰寫程式碼，並且想出了一個好方案，但此刻他又想起自己還要參加一個不必要的會議。當麥克再次回到自己的辦公桌時，差不多已經到了午餐時間。他的編譯器反饋了一些錯誤，然而，他實在記不清在離開辦公桌去開會之前自己做了什麼了。

---

[1]　特別感謝倫敦的鈴木美奈女士，她非常友善地回覆了一個陌生人的電子郵件。她無私地幫助我，不求任何回報。也感謝菊池岱先生，謝謝他把我介紹給鈴木美奈女士。

自然秩序

想法的自然秩序具有聯想性和混亂性兩種，其行為就像一個網路。想法會產生新的想法。如果你在想一個蘋果，可能也會聯想到蘋果汁，這又可能使你想起最近喝的飲品，其中就有蘋果汁。而這，還可能會使你想起一次糟糕的宿醉。

西格蒙德‧佛洛依德是 20 世紀的著名心理學家、精神病理學家，他利用頭腦的這種行為幫助指導心理治療。佛洛依德稱之為「自由聯想」法。他的病人會坐在沙發上，告訴佛洛依德自己腦海中有什麼。佛洛依德則解釋其中的聯繫。

更現代的理論稱這種思維方式為「網路」。我們無法控制這個網路。然而，雖然其行為不受我們控制，但可以受我們的思維所影響。

如果沒有感官和神經，思維就可能只有聯想了。我們需要「關閉」耳朵、眼睛、皮膚、鼻子和嘴等輸入通道，甚至需要切斷內臟的神經，進而來實現純粹的聯想性思維。而這，是不可能做到的。我將來自外部的影響稱作「隨機事件」，它們無法被控制，而且其效果模型過於複雜，難以評估。即便真有可能理解這種複雜性，從今天的角度來看，它們也是非常混亂的。

維繫這種自然秩序會消耗大量的能量。曾經，這種自然秩序也許就是我們的最佳思維秩序。也許你今天還能擁有它。

假設你正在叢林中讀一本書，你可能很專注。但如果老虎潛行而來，而你聽到樹木的踩踏聲，無疑你會更警惕。自然秩序會叫醒你，你會去尋找聲音的來源，最終發現老虎。這種機制在叢林中運作得非常好，但在辦公室中則非常糟。當你正在撰寫程式碼時，某人的筆掉到了地板上，通常你並不需要尋找聲音的來源。

在工作中，也會有各種「老虎」想要「吃掉」我們，例如，社交網路，用混亂打斷我們的聯想性思維。

氣禪意味著專注

氣禪意味著專注於聯想性思維，降低混亂程度。你需要增加理性思維的水平。混亂思維和理性思維必須平衡，理性思維不是萬能的，混亂思維也可能會產生創新。我認為少許混亂思維可能有助於工作。

現在開始工作。即使你想保留一點混亂思維，你也盡可以將大部分干擾排除在外。軟體程式設計師的工作都比較困難。你還要對產品及其品質負責。在工作時，你沒有時間做其他事情。請對自己正在做的事情保持清醒，專注於這些事情。別分神，一秒鐘都不行。

「閱讀郵件」通常是一個由混亂驅動的任務。人們在工作間隔一有點空閒時間，或者看到有郵件閃爍標誌提醒，或者只是無聊時，就想去收看郵件。在很長一段時間，我都是在感覺無聊時檢查電子郵件。

關於時間槽的思考

今天，在我的日常計劃中有一些固定的時間槽。這些固定槽被允許消耗我的時間的 20%。「電子郵件」就是其中之一。另有 20%的時間用於非預期的事務。剩下的 60%用於實際的工作。可以說，我大概留了五小時用於實際的工作（以一個工作日八小時計）。你也許認為這個時間不是很多，但其實很多了。我用 Time & Bill[1]追蹤自己的時間使用情況，發現我在電子郵件（以及其他東西，如推特）上花的時間驚人。當意識到自己每天實際工作時間是多麼少時，我感到非常沮喪。在糟糕的一天，我實際僅工作了兩個小時。

---

[1]　http://www.timeandbill.de

我跟很多人探討過這個話題，發現不少人有類似的經歷。當然，這算不上有代表性的研究。不過，老實說，你是否有時感覺自己一整天什麼事都沒做，就像到俱樂部轉了一圈？

此外我還有一項問題是工作時間的高度碎片化。有時我在一項工作任務上只進行了幾分鐘就中斷了。我稱之為「微時間槽」。我後來改變了這種行為，因為微時間槽會消耗過多的精力。

現在，我每天檢查兩次電子郵件，社交網路只在工作後使用。當我在撰寫軟體的某項複雜功能時，我不接電話，不讀簡訊或做別的事情。只有一個例外：我的妻子可以隨時打電話給我。

對我來說，長度為三十至六十分鐘的時間槽是完美的。經過一個小時的工作後，我通常感到疲倦，需要做一些其他事情。要是我還沒到三十分鐘就停下工作，任務就會變得過於消耗精力，也會在我的思緒中產生大量的垃圾。這個時間槽長度在很大程度上取決於日常需要，我對它們的要求也不是特別嚴格。你需要找到最適合你自己的時間槽長度。

有很多程式設計任務規模太大，難以在一天內完成。我們通常可以分解工作，使其適合較小的時間槽，比如四十五分鐘。

頭腦垃圾收集

我前面提到，許多小任務糾結在一塊擾亂了我們的思緒。例如，如果你在半小時內要完成十項任務，你的頭腦裡就會存有十個想法，而這十個又可能會建立更多離題的想法。如果只專注於一項任務，你只會有一個想法，並且只要對付很少的離題想法。

為了清理你的思緒，通常必須省思之前的想法，確保每件事情已經做好。

如果頭腦中有十件事，就不那麼容易進行省思。

省思對於確保工作成果的高品質也是非常必要的。要是有太多的事情得思考，你就會遺漏一些錯誤。如果已經漏掉些什麼，想真正清理頭腦就更難了。

下面這個場景你應該很熟悉：想想只有一個問題要處理和同時要思考五個問題會是相同的嗎？在我睡覺前，如果留有一個大問題，我可能會睡得不好，但在某時我可以說，「明天再處理。」而如果有五個問題，我將完全無法控制大腦。多個想法在腦海中盤旋，整個夜晚將非常難熬。

對我來說，就憑這些，就值得去減少一次處理的任務數量至我可以掌控的程度，讓我保持冷靜。有些人不在乎冷靜，他們喜歡在處理很多任務時，腎上腺素湧上大腦的感覺。我沒有見過任何腎上腺素愛好者能確實省思自己的任務或保持冷靜。

你不是 Email 機器

如果你是一名優秀的程式設計師，電子郵件交流就不是你的工作重心，即使世界上有一半人是這麼認為。你的工作重心是撰寫程式碼、測試和解決技術問題。不論何時有了與前述工作重心無關的工作，你都要將它放在第二位，放在一個固定的時間槽內處理。

由於固定時間槽內的時間是有限的，這就意味著你要限制在電子郵件上花的時間。如果你對僅用二三十分鐘的時間槽處理郵件感覺不好，那麼，你要麼不是一名專職程式設計師，要麼你在考量任務優先級方面就出了問題。

如果你想成為一名禪宗程式設計師，請認真對待這個問題。禪修通常包含了一件明顯簡單的任務，但要求十分專注、非常嚴謹。在禪修式的射箭活動裡，拉弓射箭是一項簡單的任務。搭箭，拉弓，射出，僅此而已。對於禪，已經有

很多書解釋了怎樣才是正確的思維、呼吸及保持方式。

用禪的方式做事，意味著你要專注於事物的核心，心無旁騖。在做禪修式射箭時，你是弓，是箭，是風，是你自己。其間，根本沒有時間寫電子郵件。

為什麼我們不用類似的方式對待程式設計呢？

當我們撰寫程式碼時，我們就撰寫程式碼。因為某些原因，我們被指望在幾分鐘內回覆電子郵件。如果你希望嚴肅認真地撰寫程式碼，就必須全力以赴做到這一點，否則，我們將永遠不能成為一名優秀的程式設計師。

如果你是一名程式設計師，你就是一名程式設計師。一名真正的程式設計師，不論是在吃午飯，還是週末在荒野上遊走，仍然是一名程式設計師。如果我們希望以那樣的方式生活，需要認真地付出自己的技能和熱情。電子郵件是日常工作的一部分，但不是最重要的。因此，它們需要待在日常工作的核心之外，為更重要的事情讓出空間。

有一個「自然時間」可用於處理電子郵件。對我來說，這通常是在一天的開始，在我早晨喝咖啡時。這有助於我醞釀進行實際工作的情緒。視工作任務而定，我在午餐後或在下班回家前有第二個時間槽用於處理郵件。這些足夠了。不應該再有超出固定時間槽的時間。

4.3.2 專注時間

當你專注時有些人會恨你。何故？因為你沒有太多的時間去處理他們的問題。他們帶著問題來到你桌子前，你無法立即回應。某些情況下，他們甚至可能無法繼續自己的工作。但如果你幫助了他們，你的工作就將被中斷，給自己增添額外壓力。當然，如果你不幫助他們，你也別指望以後他們會幫助你。在

一般的程式設計工作規劃裡，幫助他人並未被考量在內。但這是一個問題，因為程式設計師被認為應該要在團隊中彼此幫助。

如果你打破這種「幫助循環」，同事會恨你。你改變了遊戲規則。在你試圖保持清醒的頭腦和專注時，這看起來顯得自私自利。幸運的是，有一個很簡單的解決辦法：跟同事說清楚就行了。

試著在團隊會議上提出提高工作效率的方法。解釋你希望專注的時段，以及你有空進行討論的時段。專注時段不應該被打斷，除了發生嚴重的問題，例如伺服器停機。我的其中一個專注時段通常是上午 10 點到下午 1 點。我發現我這段時間的精力比較充沛。這三個小時通常意味四到五個時間槽，包括它們之間的幾分鐘休息時間。擁有這樣富有成效的三小時，沒任何分神因素干擾，對於我來說至關重要，無論這一天其餘的時間是多麼糟糕。

當大家對專注時間達成一致意見的時候，不要忘記，你需要做到真正專注。避免和推特、電子郵件上的朋友交流。否則，你的團隊成員會不高興，也不會尊重你所謂的專注時段。也別忘了尊重別人的專注時段。如果其他人也有自己的專注時段，大家的專注時段最好能夠保持重疊。

事實上，專注時段可以與 Scrum[①]配合得很好。日常會議可以安排在專注時段之後，此時應該已經處理了大量的任務。在會議之後，大家可以討論在專注時段期間收集的問題。

如果團隊中有年輕人，你要格外注意。新的專案成員可能沒有能力在一個完整的專注時段內不打擾你。你可以根據其現有的能力水平，適度放寬專注時段的規矩，這是有意義的。當然，一旦他們完全具備了相應的工作能力，就得

①　Scrum 是一種軟體開發方法。這是一種所謂的敏捷專案管理方法，因為它承諾了一種靈活的工作方式。在 Scrum 方法的原理中，即使專案已經開始，客戶也可能改變想法。因此，溝通交流非常重要，這能讓 Scrum 奏效。因而，簡短的日常會議通常必不可少。

遵守專注時段的規則了。

4.3.3　椅子坐禪

坐禪就是指靜坐冥想。

在禪宗寺院裡，通常是坐在一個名為蒲團的小墊子上，或者膝蓋跪在一個拜墊上（也是一種墊子），同時微睜著眼睛——避免入睡——冥想。在臨濟宗寺院，坐禪時你要去解決公案。在曹洞宗寺院，則偏向於什麼都不想，儘管靜坐就是了。這就是所謂的「只管打坐」。如果你希望瞭解更多關於坐禪的細節，我建議你閱讀鈴木俊隆禪師的《禪者的初心》（Suzuki，2011）。

坐禪是禪宗最重要的修習。在工作中，你不能隨身攜帶一個蒲團。因此需要找到一個不被打擾的地方。有了這樣一個地方，很多人也不願意進行全蓮花坐。這種坐姿實際上非常不舒服。

有一天，當我作為一名專案經理疲於應付工作時，我覺得頭腦快要爆炸了。此外，還有大量亂七八糟的電話和電子郵件在等著我。不僅如此，每時每秒都有一名團隊成員有急事要到我桌前處理。我感覺汗水浸透了襯衫，臉紅得像個小丑的鼻子。我從來不知道心臟每分鐘能承受這麼多的跳動。某一刻，在沒有電話的間隔，我不得不解決一個難題，但想不出正確的辦法。我至少需要好幾分鐘來思考，不，需要更長的時間。即使沒有電話進來，我也要從腎上腺素的奔湧中平靜下來。

我需要儘快冷靜下來。

我請同事幫我回覆接下來十五分鐘內的所有電話。在門上掛上小牌子，告訴來訪者我無法回答問題，除非有例外情況。然後我轉過椅子，盯著牆壁，那

裡掛著一個大時鐘。這使我感到安全和舒適，因為沒有人能看到我。我試著坐直並觀照呼吸。但它時進時出，無法控制。我花了幾分鐘才恢復正常的呼吸，心跳也回到正常頻率，並且血壓降到正常水平。突然我感覺到頭痛得厲害，以前可從未感覺過。我忍受著，很快頭痛就消失了。就這樣，我眼睛半睜半閉看著時鐘，觀照自己的呼吸，坐了大約十分鐘。我的腦中充滿了工作，但我試著去專注呼吸。最後，一切變得慢下來。接下來的五分鐘，我舒適地坐著，看著窗外。這個時候我已經對問題做出了決策。

這並不是真正的坐禪，由於它缺乏相應的坐禪禮儀和坐禪哲學。它更像是辦公室的冥想修習，我們稱為「椅子坐禪」。程式設計師很容易做到這一點。現在，當我覺得工作快要壓垮我，或者感到疲倦不堪時，我仍然這樣做。大約十分鐘我就能恢復平衡，工作又變得一如既往的高效。

許多我認識的老闆都樂意員工在工作間隔休息一下。程式設計並非僅僅是打打字，同時還伴隨著思考和決策。有大量的事情是在頭腦中完成的。不要害怕讓手離開鍵盤，且凝視牆壁。只是注意別睡著了，或者拿它來想你的業餘活動。椅禪應該用於冥想，而不是娛樂目的。

4.3.4　辦公室經行

經行也是一種冥想形式。相比於坐禪，經行不太為西方所知。經行實際上可與坐禪結合修習。經行是一種行進中的冥想。也許你見過幾個僧人排成行，緩慢地走著。這就是經行。

除了每天練習冥想外，偶爾，僧人以及像我這樣的禪宗愛好者也會進行靜修，即所謂的接心（攝心）。靜修是由連續多日的高強度打坐組成的。僧人告訴我需堅持很多天，以便讓「大腦中的猴子」休息。這是實現「明心見性」的必

要條件。似乎這種思想來源於臨濟禪宗，但我沒能查到確切來源。

我第一次靜修持續了三天，感到非常痛苦。這種痛苦以前從未有過。我的腿很痛，以致於最後一天我很難將精神集中在修習上。打坐修習的休息間隔通常不超過三十分鐘，此時建議進行經行修習。它可以放鬆腿腳，並使你保持專注。我學會並喜愛上了經行。

這些天我經常在辦公室練習經行，特別是在工作時間槽之間有一個較長的集中時段的時候。經行並不需要很長時間，但當我失去專注、疲倦，或者感覺頭腦快要爆炸時，它對我非常有幫助。在夏季，我會走出辦公室，呼吸一些新鮮空氣。

如果你也想練習經行，建議你選擇一條好的路線。好路線是指那些不需要太多認知判斷的路線：幾乎沒有交通信號燈，不會經過太多的危險街道。同時也要避免那些嘈雜人多的地方。如果可能的話，附近的一個有樹、有鳥也許還有一些池子的公園就很完美。我也使用大廳或公司的走廊。在步行時，不被分神、不跟任何人搭話，是很重要的。環境並不需要多麼優美，但若是優美的確會更好。

經行練習的長度隨你喜歡，一般二十分鐘的較長步行就很不錯。當時間很短時，我只步行幾分鐘，也是有效果的。

走路時，看著地板。慢慢地走，觀照自己的呼吸。讓它自然流暢，不要急促，或者過於緩慢。自然地呼吸。就我個人而言，一個完整的呼吸週期大概走四步。

一旦你掌握了這種呼吸方式，你可以試著觀照雙腳落地生起的感覺。呼吸，感受腳後跟如何接觸大地、腳掌如何落下，最後由腳尖來完成運動。只管行走，不要思考。在這幾分鐘的經行練習中，暫時拋卻程式設計問題和業務難題吧。

4.3.5　保證睡眠

打盹是愚蠢的行為？

藝術家薩爾瓦多‧達利發明了一項他稱之為「持匙小憩」的睡眠方式。一天下午，他感到困倦，便手上拿著一把鑰匙，坐在椅子上打了個盹。鑰匙掉下來，發出的響聲將他吵醒。達利說，他的「身體和精神」都復活了。據說，艾伯特‧愛因斯坦也進行類似的小睡。

要是網路沒有撒謊的話，還有很多著名人物都有規律地時常小憩。

溫斯頓‧丘吉爾就是一個愛小睡的人。實際上，他在英國國會大廈有張自己的床。丘吉爾甚至認為經常的片刻小睡對他在二戰中取得勝利至關重要。

拿破崙、約翰‧F‧甘迺迪、雷根以及湯瑪斯‧愛迪生也經常打盹。你可以在網路上查看他們的這些逸事[①]。

睡眠是必不可少的。我聽說在 20 世紀六十年代，有些人曾希望現代技術能將我們從繁重的工作中解放出來，使我們成為一個消費者社會。然而，今天我們似乎工作得更多了。隨著智慧型手機和平板電腦的到來，我們可以在任何時間、任何地點工作。甚至當精疲力竭失去思考能力時還要工作。為了讓自己重新坐到工作崗位上，我們喝咖啡。我曾聽到有人喊道：「哇，我又累了，才工作了六個小時！」難道已經不能接受經過幾小時工作後自己很疲倦的事實嗎？為什麼我們把工作和其他許多活動（如電腦遊戲）的地位設定得比生活中最重要的事情之一——睡眠要高呢？

---

① http://artofmanliness.com/2011/03/14/the-napping-habits-of-8-famousmen

　　我從未見過任何一位同事在辦公室小睡片刻。不知道為什麼，也許是因為害怕其他人會對他指指點點，說他懶惰。也許因為這會使我們看起來很虛弱。我不知道，但是，一想到達利、愛因斯坦和丘吉爾都這麼做，我絕對不會鄙視別人在辦公室小睡。

　　我們得承認：有一個群體，常常比我們有著更不可思議的權力，他們的名稱是客戶、老闆和同事。我們稱自己為「自由之人」或「個人主義者」。但是，當我們的身體需要並且應該得到時，我們卻無法自由小睡。

　　多麼悲哀！

困時睡覺

　　臨濟曾說過（LUC，2013）：

> 　　大便，小便，穿衣，吃飯，累了就躺下。傻子可能會嘲笑我，但智者明白。
>
> 　　　　　　　　　　　　　　　　　　——臨濟（公元 845 年左右）

　　臨濟是臨濟宗始祖。臨濟宗是一個流行但非常嚴格的禪宗流派。上面這句話也可以重新表述為：「困時睡覺，餓時吃飯。」如此簡單。

　　所有歷史上最著名的人物累了的時候都睡覺，你為什麼不可以呢？

　　你可以花一半午休時間吃午餐，剩下的時間在休息室打個盹。一些大公司會提供這樣的房間。或者你還可以像達利那樣在椅子上小睡。最好的條件是你可以鎖上辦公室的門，進而避免被打擾。最近，甚至在我學禪之前，因為太疲倦，在午休時間我去自己的車上睡一個小時。

　　且以禪的方式來看待：我們是人類。我們的生存並不需要太多的東西，一個安全的居所、一些食物、飲水以及保暖之衣。足矣。

　　在現代世界裡，我們常常以為這些不夠。通常還希望能夠擁有一部 iPad、一輛好車，希望能隨心所欲地在外面吃晚餐。我們嚮往這種奢華的生活方式，如果不能得到，就認為自己的生活品質很糟糕。為了實現這般幸福目標，我們瘋了一樣地工作，而忽視身體的健康。有時餓了也不吃飯，需要休息時不肯睡覺。而且不得不如此，否則就會失去這些讓我們自我感覺良好的東西。

　　在禪宗中，困了就睡、餓便吃飯是修習目標之一。請試著這樣做，它大概會有些困難，但卻本該如此——食與眠乃人類生活中最基本之事。

完美的午睡

　　午餐後肚子填滿食物的感覺讓人太累，難以工作，唯一的希望是求助於咖啡機。這一點經常打擊我，使我決定停止正在吃的午餐。這麼做讓我不再疲倦，只是感到飢餓，而飢餓可以使我保持清醒。

　　老實說，這樣的生活方式不是一個好主意。一段時間後，我常常會感到精神緊張、身心失調。我又開始吃小份的午餐了。我減少進食，只吃一點白飯配醬油。這有些幫助，但在下午我仍然感覺到疲倦。最終，當我感到實在太疲倦而無法繼續工作時，我開始小睡。通常就像達利那樣，幾分鐘就夠了。在罕見的情況下，我需要睡三十分鐘。我沒有休息更長的時間，如果那樣的話，我就無法恢復正常的工作狀態。

　　我研究了自己的經歷，瞭解到科學家們用 EEG①瞭解關於睡眠本身更多的知識。在機器的幫助下，他們將睡眠分為五個階段。

---

① EEG 是腦電圖的縮寫。EEG 機器可以藉由在紙卷上列印波形，進而具象化人類大腦的電活動。

階段 1 是睡眠的開始階段。這時你的睡眠非常淺，肌肉開始放鬆。達利在這個階段會丟掉鑰匙。階段 2 把我們帶到階段 3 和階段 4，即「深度睡眠」。最後是 REM 睡眠階段。EEG 會寫出 α、β、θ 或 δ 波，前四個階段的命名就緊隨其後。識別 REM 睡眠其實並不需要 EEG。要是某個人的眼球在閉合的眼瞼下快速移動的話，我們可以說出他正處於 REM 睡眠階段。

就像達利那樣，我最好停留在階段 1。這是有原因的，這往往能更好、更高效地在瀏覽器（我的頭腦）上做重新整理，而不是重新啟動作業系統（我的身體）。

臨濟禪師極可能不知道腦電波問題，不像我們今天這樣知道很多關於睡眠的知識，但在建議「困時睡覺」這一點上，他無疑是對的。

睡眠剝奪

在禪宗寺院，你會很容易遭受睡眠剝奪。

有一些故事講述執著的僧人，他們在臨濟寺門口等待三天三夜，就為了能入寺。他們不坐不眠，不停地敲門，又被趕下階梯。即使被允許入寺，他們也沒有時間休息，有很多討厭的工作在等著完成。在一些寺院，僧人凌晨 3 點左右早早醒來，整整一天都在辛苦地工作。相當多之人在靜坐冥想時昏昏睡去，不足為奇。

為什麼不遵循臨濟的建議呢？

難道禪不是關於學習「困時睡覺」的嗎？

在禪宗中，你會學到很多東西。其中最重要的一件是忘記自己。這是項艱苦的修習，所走的路與我們這些凡夫俗子不同。

僧人的做法是可敬的，但我們還有許多其他事情要考量，我們並不決定過

那種精神上的生活。我們極可能無法達到「困了就睡」的境界，做到這一點並不容易。但是，我們仍然可以以其為目標，而且你會發現這麼做有一些很好的理由。

首先，當感到疲倦時，你的工作效率低下。老闆會抱怨你的打盹行為。雖然你的眼睛可能是張開的，但這並不能保證你確實在專注於所做之事，高效地撰寫程式碼。

其次，創造力與睡眠齊頭並進。據說，艾伯特‧愛因斯坦在睡了十二個小時左右後，頭腦最清醒。在學生準備考試期間，當學到重要知識點時，最好小睡一下。睡眠有助於重新組織新收集的知識。經驗將被保存下來，而新的想法逐漸形成。睡眠還可以去除體內的生物垃圾。

軟體是透過大腦製作，這註定了軟體開發是一份創造性的工作，即使我們不去提及軟體跟藝術的關係。

沒有假期的工作

我認識一位馬術教練，她經常四處旅行，同時舉辦培訓班。她說，每個人都應該以不需休假的方式工作。

在德國，我們經常從上午 8 點工作到下午 5 點。私密的時間變少了，一直工作，只有很短的午餐休息時間。我們努力工作，最後終於可以說：「哇，一天又結束了，真開心！」剩下的時間通常是看電視打發掉。經常工作佔據了我們一天中最好的時間，沒有激情，也沒有活力。在晚上，再也沒有多餘的精力做任何有趣的事。

過了幾個月後，我們的疲憊程度上升，我們「需要」並且也「理應」休息，也就是需要休假。

　　我像這樣生活了很長一段時間，最終病倒。於是我遵從「困時睡覺」的理念。現在，我比以往任何時候工作更多。我每一天都工作，包括週六和週日。但我並不感覺累，也不需要假期。我的上一個假期還是在兩年半以前。

　　有時我在下午沒有工作。經過漫長、黑暗的冬天後，溫暖的陽光最終回歸人間。由於沒有緊迫的專案最後期限，我停止工作，和家人一起外出曬太陽。

　　有時我則選擇下午吹尺八。這很有趣，能讓我恢復精力。當我厭倦了高科技世界時，尤其如此。

　　換句話說，我拒絕朝八晚五的工作，後者絕對是個壞主意。所幸我可以自己決定何時工作，因為我是自由工作者。不過，一旦我有精力，就會開始工作。有時是在深夜，在我想出關於新功能的一個好點子時。有時則在清晨，清脆的鳥鳴聲令我愉悅。但是，當我的兒子需要我，或者我精力不濟，或者感到疲倦時，我從不勉強自己工作。

　　這不僅對我和家人有好處，對我的客戶來說也是如此。因為如此一來，我就能交付最好的成果給他們。

　　在轉換到這種模式後，我發現自己變了：

1.　我一直精力充沛。

2.　我對一切都非常有動力，包括對我的家人、工作和休閒生活等等。

3.　生活感覺好像是在持續度假。

4.　我的工作品質變得更高了。

5.　客戶對我的工作更滿意了。

當然，有時我還會失敗。一些出乎意料的軟體錯誤或其他問題會打擾平靜的生活。我仍然知道「壓力」這個詞。然而，整體上我能更好的應對壓力。

4.3.6　飲茶

我喝咖啡，喝很多，也許是太多。在吃午餐之前，你總是可以在我的辦公桌上看到一杯咖啡。我在工作時喝咖啡，雖然它常常會變冷，但我不在乎。我能接受喝冷咖啡。有時在咖啡變冷之前，我甚至都沒來得及嘗一口。事實上，我的確習慣了喝冷咖啡。

對我來說，咖啡司空見慣，習以為常。

你聽過茶道嗎？茶道被翻譯為「飲茶的藝術」，也是一種禪宗修習，它是指遵循嚴格的儀式飲茶。

茶道很不容易，非常困難！從準備茶，到喝茶，到清理茶具，都必須遵循特定的儀軌。這是一種優雅的修習。

如果你像我一樣喝咖啡，那麼就跟茶道相去甚遠。我們喝咖啡是為了保持清醒，即使這一點都不健康。我們對咖啡並非特別留意。

偶爾，我會改變做法。

為什麼我們一天不去辦公室茶水間一兩次，精細地調一杯咖啡（或茶）呢？我們可以按自己的儀式進行準備。購買優質咖啡豆，手工研磨它們，再使用一部需要爐火加熱的咖啡機，手工製備泡沫。這將花費約十分鐘。最好，再花十分鐘品飲咖啡。專注於每一個品飲的動作。靜靜地清理，觀照自己做的每一步動作。

我說過，自己是一個經常喝咖啡的人。我發現，當我特別留意時，我的「儀

式」能有效發揮作用。茶對我而言是一種特別的飲料，飲茶則是一項特別的活動，有助於擺脫日常工作的煩擾。自從開始這麼做，我學到了很多關於茶的知識。每次準備時，我都試著沖泡出最好的茶。

飲茶時不要說話。當廚房裡滿是同事時，並不總能保持安靜。如果你感到被打擾了，不妨說清楚你正在泡茶。如果這沒有幫助，可以中斷你的準備工作，專心與同事交談。你需要全身心地投入茶事，完全不去想工作上的事情。

清潔茶具。這是儀式不可或缺的一部分。與親手準備茶壺並注入開水一樣，你也應該親自洗淨茶具。認真地清潔它，就像你已經迫不及待地要用它開始下一次茶道。

4.3.7　清潔

程式設計師需要完成他們的工作。我們常常會遭遇一些艱難的時間，努力讓所有工作任務齊頭並進。這最終導致我們早早地坐到電腦前，又晚晚地離開電腦。分秒必爭。

在禪宗寺院，清潔是日常修行的一部分。有時在我看來好像他們冥想半天，另一半天則進行清潔工作。清潔的環境不僅對於廚房是必要的，也是對禪堂[①]的絕對要求。當一切佈滿塵埃時，你無法專注於自己的呼吸。當周圍有很多雜物時，你無法將視線保持在一個固定的位置。

同樣地，當手指總是會敲到按鍵之間的巧克力碎屑時，你能把精力集中在撰寫程式碼上嗎？當桌子上有前些天喝過的另外三個髒咖啡杯時，你能享受正在飲用的咖啡嗎？一台佈滿灰塵的顯示器難道不讓你厭煩嗎？

---

① 禪堂是用於靜坐冥想的房間。禪堂不僅存在於寺院，每個用於禪修的房間基本上都可當是一個禪堂。

如果你不能照管好自己的桌子，又怎麼能被認為可以照管好軟體呢？

大腦、身體和環境，所有這些都連結在一起，密不可分。

你可以在一個骯髒的環境寫出好的程式碼，但你無疑需要額外的精力保持專注、收拾心情，以便完成工作。

每天只需幾分鐘，我們就能擁有乾淨的桌子和清新的工作環境。這是你自己的責任，而不是清潔工的。清理你自己留下的污穢，清潔工請病假可不能成為你環境不潔的理由。

在桌子上，應該只有你「當下」需要的物件，不應該有「將來」或「永遠不」需要的東西。

愛護環境。你的眼睛需要離開螢幕放鬆一下。你應該能夠審視房間，而不被任何東西吸引注意力。容易讓人分神的圖片或未開封的包裝箱絕對沒有任何好處。你的辦公室不是垃圾場。如果沒有合適的地方擺放一個物件，那麼它就不應長期該停放在你的辦公室。你的辦公室就是你的禪堂，要認識這一點。

4.3.8　長修：靜修

禪宗寺院一年會舉行多次靜修。靜修期間，寺院大門緊閉，高強度的靜坐冥想時間開始了。在每一天的大部分時間，僧人們靜靜地坐在大殿中。其餘的時間則是艱苦的勞動。這期間通常不允許說話。僧人們保持沉默，除了參禪，不做其他事。

不同的寺院靜修的戒律不同。有時僅僅需要幾天，不過我也聽過持續一個月的靜修。

正如已經提到的，靜修不是度假，是艱苦的活動。連續幾個小時的蓮花坐姿是很痛苦的，如果連續多日保持這種坐姿，你的雙腳真想殺了你。在這期間，你需要保持專注，不管有多累。

寺院有時會對遊客開放。你或許可以加入當地的某個禪宗群體進行靜修。即使不像僧人那樣靜修一個月，你仍然可以從靜修理念中受益。

當我努力工作時，我發現「自我」在膨脹。突然，工作變得越來越重要，客戶或老闆會在其個人層面影響我。我認為自己是舉足輕重的。這時我應該「靜修」了。

在我開始參加實際的靜修前，我的所謂「靜修」只是一個休假。只要確保它是一個真正的休假就行了。離開職業世界，遠離電腦。享受真正的、非虛擬的世界。有家庭，有大自然，有很多精彩的體育活動等著我們。集中精力製作美食，拜訪朋友，打理花園。在我們的職業環境以外，還有很多選項，豐富多彩。

在靜修期間，身體、健康與平衡是最重要的。在工作時間，大部分工作是透過頭腦完成。在靜修期間，你的身體應該得到更多的優先權。

4.4　戰勝心猿

「心如猿猴」，這是一句佛教諺語①。用於表示我們的頭腦無法保持絕對靜止，一個想法會接著一個想法。在辦公室中，心猿有足以使我們分心的各種玩

---

① 我不清楚這句話的起源，但這個諺語連同「意馬」在佛教作品中常常被引用。請參見以下維基百科文章以瞭解詳情：http://en.wikipedia.org/wiki/mind_monkey。

具。社交網路和有趣的部落格,只需一個點擊就能造訪。一隻猴子已經夠難對付,然而在大腦中這隻猴子還有一個朋友:意馬。在你無法抽出時間時,馬兒會小聲地不停地對你說:「我想跟我的朋友說說話,我想說話!」。這兩個傢伙的結合實在是專注工作的大敵。

有件小事可以幫助我們保持專注,那就是將桌面整理。此外,我們還可以清理一下電腦,雖然想要做到徹底清理是不可能的。即便我們停止光顧一些網址,但總能找到其他有趣的網站。也可以移除訊息通訊軟體,但隨後我們可能又得安裝起來。

在過去的幾年裡我找到了一些對策,在很大程度上有助於保持專注。這些對策並不是我個人的發明,通常你可以在網路上找到相關的更多資訊。

4.4.1　待辦事項清單

每當我寫了一張便條時,就很容易將一個想法從腦海中排除。因為這樣我就不用擔心忘記事情。起初我只是簡單地列出所有待辦事項,一大串,然後發現其可讀性很差。於是,我按優先級排序進行歸類。

關於較長期的事務,我會建立 A、B 和 C 三個清單。A 代表「第一要務」,其中事項需要在當週完成。B 清單顯示下週甚至更晚些時候處理的事項,直到它們成為 A 優先級。C 清單顯示不太重要的事項,該清單上有些事項可能永遠都不會做。所以,這個清單或多或少是一個想法提醒器。如果有些事項變得重要,可以將其移到 B 清單中。

通常 A 清單的事項是很滿的,讓我一週為之忙碌。如果足夠幸運,我可以在當週完成所有 A 清單任務。有時則不可能,這會成為一個信號:我可能安排

事項過多，或者需要一個幫手。如果我很快就完成了 A 清單，我就開始處理 B 清單上的事項。

每週一清晨我會計劃本週的工作。幾年前，我是在週日晚上做下週工作計劃的，像我讀過的一本書中推薦的那樣。但這讓我不能睡個安穩覺，因為意識到有很多工作在等著我去做。所以現在我改在週一的清晨制定計劃。

週計劃對我來說仍然很重要。我認為，重要的不是工作多長時間，而是完成了多少任務。我總是為自己設定一個較高但現實的門檻，而且我有很大的動力達到這個門檻。

待辦事項清單有個缺點，就是：如果清單上有太多的任務，可能會讓人感到沮喪。於是我決定允許自己忘記一些事情。那些不重要的任務或者與業務無關的任務可不列入計劃。我得承認自己是個普通人，必須接受某些時候會忘記事情，我不需要為游泳、買書或給某位老朋友打電話做充分計畫。當我想到這些事的時候，它們自然會進入我的腦海。我只需確保有留下足夠的時間給它們就行了。

有一些很好的工具，它們提供了更先進的使用清單方法。如果你喜歡清單，不妨試試 Workflowy①或者 Wunderlist②這兩個工具。

此外，我還利用看板工具（見後文）來強化我的待辦事項清單系統，在代辦事項清單中只列出當天的任務。

---

① 　http://www.workflowy.com
② 　http://www.wunderlist.com

4.4.2　電子郵件：2 分鐘規則

讀一封電子郵件，回應某個事件請求，或是給一位生意夥伴打電話祝他生日快樂，像這樣的一些微任務會迅速地轉移你的注意力。要是你感到這些微任務確實必須去做，並且實際上你已經著手了，那麼，有一個原則：如果任務能夠在兩分鐘內完成，則完成它；如果需要花超過兩分鐘，就把它寫到一個待辦事項清單中。

此策略的唯一問題是，你可能會遇到有太多此類任務。有一次，我幾乎每三分鐘就收到一封電子郵件。每收到一封電子郵件，郵件客戶端都會通知我。我閱讀它們，將 99% 的郵件立即歸檔。其餘的都是重要的郵件，但可能要等上幾個小時。

按照兩分鐘規則，我的做法是對的。我被分神了，因而允許自己清理收件匣。但分神太多了，我於是決定減少在郵件上花費的總時間。這只要在一天的大多數時間裡，關閉郵件客戶端就可以了。

我花了一些時間來設定郵件過濾器，讓許多電子郵件可以自動被歸檔或刪除。在參與開放原始碼專案時，你可能會收到大量的電子郵件，因此按照自己的偏好過濾或標記郵件，就顯得特別重要。過濾器可以幫助我們晚些時候閱讀郵件，但又不至於忘了它。

如果你得到了一個乾淨的收件匣，說明你設定得很好。

除了過濾，我還利用了三個特殊的標籤：「待讀」、「待列印」和「稍後」。偶爾我會檢查這些標籤。

另外，我在自己的 Web 伺服器上建立了個人維基網頁。在那裡儲存了一

些資料，作為虛擬筆記本。有些人更喜歡 Evernote[1]，它的知識儲存功能更強大。我個人偏愛維基，不過如果是想要儲存網路連結，我會使用 Pocket[2]。

4.4.3　番茄工作法

番茄工作法（Pomodoro Technique[3]）是一種時間管理方法，可讓你保持專注於單項任務。你可以在 Pomodoro 網站[4]上找到有關詳情。如果你在下文介紹中發現它很有趣，不妨去看看。

基本上，這一切始於一個待辦事項清單。建立一個清單，並且基於優先級對其進行排序。然後，拿一個廚房定時器，設定為二十五分鐘。在這個時段內處理第一項任務（稱為番茄），並努力保持專注。當定時器響的時候，休息幾分鐘。然後開始下一個番茄。每四個番茄後休息較長的時間，例如二十五分鐘到三十分鐘。

這個方法的發明者建議，任務時間不要超過五至七個番茄。並進一步解釋說，我們應該在待辦事項清單上列出無法計劃的事件（例如接聽電話等）。如果必要的話，應該將一個新的待辦事項添加到清單中，但要儘快恢復專注於你的番茄。

要是運用得當的話，番茄工作法非常具有激勵性，可以產生良好的效果。否則也有反效果。我見過有人對他的妻子生氣，因為他的妻子在一個番茄時段打電話給他。

你需要一些練習才能完成五個到七個番茄鐘。第一次沒有做到，不要失望。嚴格遵循的話，番茄工作法是很累人的。當你累了，別忘了休息。

---

[1]　http://evernote.net
[2]　http://www.getpocket.com
[3]　Pomodoro Technique®和 Pomodoro™是 Francesco Cirillo 的註冊商標。
[4]　http://www.pomodorotechnique.com

4.4.4　鏈條

傑瑞‧賽恩菲爾德是一個演員。布萊德‧艾薩克[1]見到他時，他正在巡演一個喜劇角色，布萊德在 Lifehacker 上寫了一篇關於這件事的文章（Isaac，2013）。

布萊德問傑瑞如何才能成為一名好的喜劇演員。傑瑞說，必須不斷寫出更好的笑話，並且每天練習。要是你學過一門樂器，就知道做到「每天練習」是相當困難的，必須嚴守紀律。

傑瑞制定了一個行事曆系統來幫助自己。大概是這樣，他在一張紙上列印出月曆，當完成練習時，就在那一天標上一個很大的紅叉。一段時間之後，行事曆就會充滿紅叉，他稱之為「鏈條」。你只有一個規則要遵守，就是：不打破鏈條。

在寫作本書的初稿時我就使用了鏈條系統。並努力保持鏈條的連續，只有幾次例外。當我沒有時間寫作時，便會感到很不安，第二天就會重啟鏈條，希望不要再次打破它。

這本書包含好幾章。在章與章的寫作期間，我會稍事休息。因為必須思考同時反思已經寫的東西。我不可能保持整本書的鏈條連續，有時我會缺乏靈感。因此，我將這本書的大鏈條分成多個章鏈條，這個做法比較適合我。

「鏈條」是我經常使用的一種技術，尤其在學習新技術時。

---

[1]　可以從布萊德的部落格上看到更多的內容：http://www.persistenceunlimited.com/。

4.4.5　看板

當僅有待辦事項清單不足以解決問題時，看板可以派上用場。看板原本用於汽車製造行業，後來也演變成一種軟體開發方法。原本的看板法和程式設計師使用的看板之間是有區別的，但這無關緊要。看板很靈活，可以按照自己的需要自訂該方法。

看板法很容易。我拿著一大張紙，利用標記將其劃分為「待辦」、「進行中」、「測試」及「完成」等四個區域。這種標記稱為看板線。另外，在一面單獨的牆上建立另一張紙，我稱其為「想板」。我為每一項任務製作便利貼，然後將其貼在想板上。

當我決定處理一個想法時，我將便利貼移到看板的「待辦」區域。這是一種承諾。我確實打算去做該項工作，就像將它們置於我的 A 級待辦事項清單中一樣。

當我開始一項任務時，我將便利貼移動到「進行中」。「進行中」區域應該只包含很少幾個任務。我個人最大的數目是四項。這個根據任務的規模而定，不過你應該採一個較小的數字。在大多數情況下，建議不超過四項。

有些任務需要進行「測試」。比如，客戶需要確認我的方案，或者我在等待來自第三方的一些結果（例如，我將這本書發送給印表機時，要等它列印完成）。

最後是一個「完成」區域。你可以扔掉完成後的便利貼，但我發現把它們保持一段時間很有激勵性。如果這個區域被迅速地填滿了，說明任務進展情況很好。如果很久還沒有任何變化，說明要麼任務規模太大，要麼進展太慢了。

我使用紙筆來做看板，牆上滿是便利貼。對我來說，管理頭腦中的所有事

情都非常容易。不過,也有很多數位看板,其中一些的基本版還是免費的。

下面是我喜歡的兩個數位看板:

- Kanbanery[1]。

- AgileZen[2]。

這兩個系統我都試用過,兩個都喜歡。不過,我仍然更喜歡紙筆。實際上,我只使用紙本行事曆,而不是任何智慧型手機行事曆。

為什麼我更喜歡紙本呢?出於以下這些原因。

- 價格便宜:你只需要支付紙張、便利貼和一支筆的費用。除了大尺寸的紙張,其餘要用到的東西辦公桌上都有。

- 學習:手寫是很好的學習方式。它迫使你慢下來,專注於自己的想法或主意。手寫可以讓人身心投入,並增強記憶力。(The Telegraph[3])

- 資料安全:雲端並不像我們許多人以為的那樣安全。亞馬遜就在 2011 年曾遺失了大量的雲端資料[4]。駭客可能會攻擊你所使用的服務,甚至損壞備份。一些雲端服務容易發生故障。本地硬碟也可能會發生故障,需要備份。如果把資料儲存到一個網路磁碟,還需要留意讀寫權限。使用紙本,我就不需要去對付此類問題。除非辦公室失火了,我就沒有備份了。但在這種情況下,看板其實是微不足道的問題,已經不需要考量其損失了。

---

[1]　http://www.kanbanery.com
[2]　http://www.agilezen.com
[3]　http://www.telegraph.co.uk/education/educationnews/8271656/Write-itdont-type-it-if-you-want-knowledge-to-stick.html
[4]　你可以在自己最喜歡的搜尋引擎中搜尋到許多關於這場災難的資訊。要想瞭解對整個事件的詳細剖析報告,可以直接造訪亞馬遜 AWS:http://aws.amazon.com/de/message/65648/。

- 容易建置：五分鐘有趣的文書工作就能搞定。

- 離線支援：有了紙本，就可以關掉電腦，坐下來，動動腦筋。根本不會發生分神的情況。

- 自訂：我可以按自己喜歡的方式自訂工作流程，而無需閱讀手冊。此外，我先前所提及的工具基本上並不支援「想板」。

- 一覽無遺：所有事項一覽無遺，沒有數位看板上的捲動軸。

- 避免精疲力竭：我的看板老實地待在辦公室，我不希望在家中客廳看到它，也不想在空閒時間移動便利貼什麼的。

- 有趣！我就是喜歡這種方式，喜歡動手移動便利貼。這令人鼓舞。

但數位看板也有其優點。

- 分散式團隊：我愛我的同事，但他們不應該總能看到我的辦公室（我在家工作，有一個小孩，也許你能理解）。

- 有鼓舞力的工作流程：數位看板可能會提供工作流程建議，這會激發你改變工作方式。數位看板的設計者在這方面很有經驗，而用手寫看板，你只能發揮自己的創造力了。

- 變化：數位看板讓你更快地改變設定。比方說，可以很快地一次拖放五項專案。

紙本是不錯的，但你無法做 Ctrl+Z 這樣的復原操作。

- 我被手工看板的「離線」特徵所吸引。但是，在團隊中工作時，我轉而使用數位工具，因為它可以共享。

4.4.6　不要變成極端主義者

我是一部工作機器。每星期工作很長時間。有時在非常時期，例如星期六晚上，我會寫電子郵件。但是，如果在同一個晚上，我收到來自公司一名全職員工的回應，我會有點為他擔心。在古怪的自由工作者和可靠的員工之間，還是有區別的。

作為一名自由工作者，我可以按照需要安排時間。有時我甚至可以打開電腦工作二十小時。

作為一名全職員工，我沒有這樣的自由。不管發生什麼，我需要工作四十個小時。當然，我有假期之類的休息，但四十小時的定時工作加上加班始終縈繞在我心頭。在很多情況下，你不能去休息室小憩一會兒。當你接到一通電話，說你的孩子生病了，你不能逕自開車回家——人們通常在遠離自己真正生活的地方上班。在沒有行動技術的時代，朝九晚五或每週工作四十小時的舊模式是可以發揮作用。當你回家了，你也就走了。但現在你有四十個小時的工作，還有一些加班，而且你總是透過老闆提供的閃亮平板電腦重回工作狀態。

一方面，有固定的「核心業務時間」；另一方面，有「永遠上線」的工作機制。這種結合為我們帶來了麻煩。

我所共事過的許多人都非常自豪於能在週末假日處理大量的電子郵件、改寫規格、提供服務，並且還能夠與客戶討論新功能。疲憊程度似乎成了定義一天是否過得有意義的標準。

想像一下，星期一早晨，門打開了，一位同事走進來說：「週末太精彩了。我星期六睡了一整天，星期日慢條斯理地吃了一頓早餐，然後出去游泳了。」沒

有黑莓手機？沒有學到任何新技術？多麼懶惰的傢伙！但是，如果他進來時，眼睛佈滿血絲，一副倦容，說：「週末忙死了！接到客戶的一通緊急電話，你有時間去檢查 B 功能嗎？我答應他要……」簡直是位勇者！這位老兄為了公司和你的工作犧牲了他的週末，今晚你還敢不在家裡加班檢查 B 功能嗎？

疲憊程度對我們如此重要，何故？

今天，軟體專案規模已經非常巨大，那麼跟這有關係嗎？當你用自己的雙手製作東西時，你可以看到結果，可以為它自豪，可以秀給別人看。

另一方面，花費一週的時間清理程式碼，但不添加任何新的功能，不會有人來到你的辦公桌前祝賀如此輝煌的清理工作。相反地，幾個星期的工作價值有時會被描述為「只是一個能發送報告的按鈕」。建構產品是很多人的工作。有時你只是為無人能看到的部分撰寫程式碼，整個產品絕不是你一個人完成的。既然有這麼多的同事，你實在很少有機會可以把功勞攬在自己身上。你需要以不同的方式度量自己參與的工作，比如說，我做了一百次程式碼提交，寫了一百封電子郵件，並且為該軟體版本開了十次會議。

在理想的世界裡，我們的軟體架構，包括由小團隊手工精心建構的產品，是值得開發者引以為豪的。如果其他人可以看到我們精心製作的軟體，就更好了。如果你有二十名開發者，只有一個元件需要建構，你就會遭遇碎片化問題。沒有人能識別這一堆混亂的程式碼，人們的責任也被碎片化了。

過度投入，以及我們對於成功的定義，使得 Scrum 變成了一台渦輪加速器，同時也變成了一種風險。

敏捷的世界有一把鎚子——Scrum，它讓每一個問題變成釘子。從專案管理的角度看，在很多情況下，Scrum 是工作流程的完美最佳化。從開發者的角度看它也很好：你搞定了工作。但是，如果團隊不重視人的因素，Scrum 也有

其風險。作為普通人，我們不能簡單地把四十小時的工作量放到四十個小時工作時間的一週內。需要留出時間來檢查我們的工作，要進行少量的重構，要通讀已經看過的程式碼。有時需要思考！我們無法估計需要思考的時間，也不知道需要思考多少。是否需要重新評估整個模型？你今天是否具有完整的思維能力，或者你很疲倦，因為睡眠情況不好？我們必須承認自己是人，而不能把自己分解成數據。

Scrum 以時時刻刻的頻率檢視你的任務。它吸引你解決所有問題，直到完成為止。但是，嘿，這是軟體開發。如果我們觀察它們，事情會發生變化，就像海森堡測不準原理那樣。如果我們因為太累而無法在星期二高效地工作，就會發生這樣的事。當你做 Scrum 計劃時，不要忘記 Scrum 角色背後都是活生生的人。如果你理解這一點，你就會做出更好的評估。

我不知道，如果梵谷應用 Scrum 進行工作，則他的畫作會變成什麼樣子。我猜如果是那樣的話，今天我們就不會知道有梵谷這號人物。壓力產生創造力？我難以相信這種說法的有效性（當然任何規則都有例外）。從我自己作為業餘音樂家的經驗看，當我被工作佔據時，我無法創作任何音樂。我需要時間去夢想，去放鬆，去思考不尋常的想法。

軟體是用頭腦製作的。這是一種創造性的工作，甚至當我們在開發過程中，應用其他創造性的工作時（例如前人所總結的設計模式），也是如此。有時候我們的工作是幾乎不用動腦的，的確如此。但我們都知道，我們應該不斷地檢查同事的程式碼，識別錯誤模式或其他問題，使我們的軟體更可靠、更易理解。軟體的藝術通常是減少程式碼的藝術。當你持續面臨時間壓力，並且要不斷實現新功能的情況下，你做不到這一點。

解決的方法很簡單，如果你不能停止專注於工作任務，不妨看看你的家庭、休閒生活等等。把它們作為一項任務，計劃它，執行它，儘量享受它。將人

力因素計算到你的 Scrum 衝刺中。不用加班衡量你的成功,週末關掉手機。到了下週一,你永遠都會更有生產力。

如果你作為團隊的一員,建構一個規模過於龐大的系統,難以產生自豪感,那麼,改變這種狀況。軟體系統不僅是可維護、可擴展和可靠的,還必須是愉快的!一個好的系統,是我們熱愛為之工作的系統,如果我們感到自豪,就能為之做出貢獻,它不應該錯誤百出。那些喜歡在花園散步的園丁才是最好的園丁。

關於如何改變思維,以及如何應對壓力,我已經寫了很多。我還介紹了可以幫助保持頭腦清靜的工具。但這些終究都只是工具而已,而不是宗教。你要認真地加以選擇並使用適合你的工具。選擇適合你的方式,如果無效,儘管棄用,再試試別的。不幸的是,專案團隊棄用當前方法的情況,並不經常發生。如果開始用 Scrum,他們就會堅持下去。不管發生了什麼,即使有時候 Scrum 根本不適合。

確保自己不會成為任何一種極端主義者。保持中觀之道。

第 5 章
Chapter 5

禪心即我心

無論風從哪個方向吹來，請站穩雙腳。人生是你自己的。

人生中不僅有幸福快樂，它既有好時光，也有壞時光。即使你很富有，擁有時髦玩意，你仍然會有壞時光。同樣地，我們的生活也不會因為加班或薪水微薄就變得「很糟」。

5.1 別人對我不好

今天，電視等媒體竭力讓我們相信，要百分百快樂才能過上好生活。據媒體聲稱，快樂因擁有財富、美麗和健康而獲得，並且它們提供了很多產品，等著我們去追尋「快樂」。

純屬胡說。幸福去來，花謝花開，都是自然而然的。

無論你是在海灘上，還是正在工作中，你都可以快樂。並不需要任何公司的任何產品的輔助才能實現。

我們都對自己的命運負責。加班也許是老闆的錯，但不快樂則是自己的問題。當然，如果能免於過多的加班自然很好。生而為人，你有很多選擇，可以自己做出決定。畢竟，壞時光也可能變成好時光，反之亦然。

我之前說過，軟體開發者應該在一間公司至少待兩年甚至更長一些。當然，如果你有充分的理由，可以打破這個規則。事實上，你可以打破所有對你無益的規矩。

如果你不打算這樣做，找人聊天可能會得到一些安慰。作為一名開發者，你可能造訪過本地使用者群組，那裡有一群樂於分享技術（例如某一門程式語言）的人。跟你信賴的人交流不僅有助於讓你感覺良好，甚至可能幫你找到一份新工作。

> 心念是煩惱之源。
>
> ——達摩（Red Pine，1987）

有一天上班時間，一位同事走進房間。他咕噥了一聲「早安」後便坐了下來。幾秒鐘後，我們聽到他重重地敲擊鍵盤的聲音。在他周圍籠罩著冰冷的氣氛，充滿憤怒。後來發現原來他沒有得到加薪，而他認識的另一間公司的某位開發者剛剛加薪 100 歐元。倒不是說他真的需要，但他認為這是個原則問題。他相信自己是更優秀的開發者，理應得到這 100 歐元的加薪。不管怎樣他並不真的需要這筆錢，在繳稅後，這筆錢甚至不夠給車加油。沮喪的氣氛持續了好幾天，他不斷抱怨自己遭受了多麼不公平的待遇，卻完全忽略了一項事實，他已經賺了很多錢，而且之前剛剛得到加薪。他的問題其實完全來自他的心念。其他人要是獲得他這份工作一定愛死了。但他仍然很不高興，甚至在同事中散播這些負面情緒。

在我生活的地方，當有壞事發生時，總有一個人會說「不走運」或「天意」，似乎所有的問題都來自外界。

那個人是個酒鬼？也許這是因為他曾經受過傷害。某人是個窮人？那可能是政府的過錯。要是有人突然賺了幾百萬美元，他可能是在胡作非為，或綁架了他人。當某人離世時，可以認為這是上帝的旨意。

沒有人知道真相背後是什麼。也許這的確是上帝的旨意。但即使如此，上帝也給了我們思考和行動的自由。難道上帝希望我們嫉妒 100 歐元的加薪嗎？我不信。

也許讓生活變糟的並不是命運、上帝，或者那糟糕的童年，而是你的思考方式使然。命運讓生活成為一個負擔，只是因為我們相信命運。

5.2　這是我應得的

許多人認為自己的頭腦和思緒是其最重要的層面，但達摩並不這麼看。在他的教導中，念由心生，思緒是頭腦的產物，就像胃酸是胃的產物一樣。

雖然有些思緒很重要，但更多的時候不重要的念頭夾雜其中。例如，在沙漠跋涉時，認識路顯然更重要，而不是去幻想一杯冷飲的味道。

大腦不斷地在告訴我我想要什麼。你需要一台平板電腦——它一直在小聲地這樣對我嘀咕，直到我買了一台方休。然後我的大腦說：「做得好！這是你應得的！現在我很快樂。」真的嗎？一切隨時在變，所謂人生充滿了無常，快樂將會離去。我的大腦遲早又會產生新的欲望。

　　我認識一些其他人，他們認為自己應該得到那最新款的手機或平板電腦。最近我看到一些照片，一群人在一間商店的外面站了好幾個小時，就為了買一部新款智慧型手機。我猜他們的頭腦一定在對他們私語，使其確信：「這是你應該得到的。」這樣的心念正確嗎？我不知道。我只相信食物和潔淨的飲水才是人們必需的。

　　在非洲迦納，人們對得到食物和潔淨的飲水非常高興。這裡通常是你的舊手機的一個最終歸宿。在紀錄片「E-Wasteland」[①]中，傑瑞米・漢斯記載了每年 200,000 噸電子垃圾是如何運達這個地方的。小男孩和年輕的男子走出貧民窟，徒手在垃圾堆中翻撿，期望可以找到些「寶貝」。垃圾被焚燒處理，四處彌漫著毒煙。利用撿垃圾賺得的微薄收入，他們得以購買食物與乾淨飲水。

　　那些我們「所執著」的東西，它的最終歸宿就是迦納這樣的地方。製造商以成本最低的方式處理垃圾，求得最大利潤。這種「回收過程」是有害的，但用更清潔的方式需要花費很多錢。

　　這部影片中有一句話：

> 　我們有必要去瞭解和重視我們每天所做的抉擇對這個星球上的其他人所造成的直接或間接影響。
>
> 　　　　　　　　　　　　　　　　　——大衛・費德勒（David Fedele）

　　在我判斷是否需要或應得某件東西的時候，我的大腦常常會欺騙我。我儘量不把太多的重心放在偶然產生的想法上 對那些掙扎在溫飽線上的人們來說，我所執著、內心渴望的這些東西只不過都是浮雲而已。

---

① 你可以在這裡找到預告片和訂購的詳細資訊：http://www.ewastelandfilm.com/。

5.3 我有一個糟糕的童年

1880 年，有一個小男孩在日本出生了。四歲那年，他的母親去世了。七歲時，父親也撒手而去。從此，小男孩與他的叔叔相依為命。沒多久，他的叔叔也死了，小男孩被一個賭徒和妓女領養。賭徒常常叫小男孩把風，以便在他賺快錢的時候提防警察。

顯而易見，小男孩的童年不幸福。他本來也會變成一個賭徒，或者走上其他犯罪之路，至少是個酒鬼。然而，他帶著六斤白米和一些錢幣，買了一些豆子，走了四天三夜後，抵達永平寺，希望成為一位禪僧。很多天以來，他僅靠吃生米維持生命。僧人們不讓他進寺廟，於是他不吃不喝在廟前又站了兩天兩夜。最後，僧人們終於允許他入寺，做些跑腿的工作。

小男孩處在寺廟階級體系的最底層，甚至連外面的清潔女工都不尊重他。一天，在一個安靜且很少使用的房間裡，男孩決定練習坐禪。他按照從僧人們那觀察來的方式，進行靜坐冥想。突然，門被推開，清潔女工進來了。她盯了男孩一會，然後低頭默默地離開，留下男孩獨自一人。

不久，男孩成為一名僧人，並得到了一個新名字：澤木興道。

澤木興道後來成為上世紀最偉大的禪宗大師之一。[1]他確信坐禪是人類能做的最高貴的事情之一。他持續修習，直到圓寂。

我猜測，很多人若像澤木禪師這般遭遇，最後很可能會變成賭徒。

---

[1] 越矢秀作的書中記述了澤木興道的一生，該書的德文版名為《Zen ist die größte Lüge aller Zeiten》（Sawaki，2005），我不確定這本書是否有英文版。

這個故事說明，至少理論上如此，貧窮不是你放棄正當生活（正命）的理由。同時它也證明了，即使有不幸的童年，你仍然可以擁有美好的人生。

在年輕時，我沒有機會去讀大學。但藉由努力工作、勤奮加班，再加上一點點運氣，成為一名高級程式設計師對我不再是夢想。

5.4　我應該知道

阿姜布拉姆是一位著名的僧人，他寫了一本奇妙的書，書名為《敞開你的心扉》。其中包含很多引人深思的現代故事。他不是一名禪僧，而是一位南傳佛教法師，不過這絲毫不影響他的著作的價值。

在泰國的密林深處冥想時，他吃大多數程式設計師碰都不會去碰的食物，其中有黏米球，裡面包著帶內臟的熟青蛙。由於某些原因，內臟當時被認為非常美味。當和尚們找不到青蛙吃後，開始吃魚咖哩，由於放的時間太久，魚都生蛆了。

阿姜布拉姆沒有抱怨，繼續修禪。有一天他醒來，覺得……開悟了。他想在晚飯後告訴方丈。而這一天的晚餐他不僅看到先前的魚咖哩，還發現了新鮮的豬肉咖哩，他感到非常幸運。方丈首先動勺，他舀向美味的豬肉咖哩，並且取了很多。然後，他把豬肉咖哩混入魚咖哩，邊用木勺攪拌邊說：「它們基本上都一樣。」[1]

阿姜布拉姆很生氣，他真的生氣了，因為他就是想吃新鮮的豬肉咖哩。就

---

[1]　原版是泰文，布拉姆將其譯成英文，後者然後又被譯成德語，現在又被我譯回英文，因此肯定跟原文有些不同。

在此時，他忽然意識到自己根本沒有開悟。他寫道，真正的開悟不會讓你咒罵方丈。真正的開悟，是不會有最喜歡的食物的。

這個故事讓我明白，我也會犯錯，甚至在我堅信自己絕對正確的時候。心念不時會欺騙我們。

5.5　這是你的人生

生活中不如意之事太多，使得我們無法擁有美好的人生？

> 任何發生在你身上的都是你人生的一部分。
>
> ——澤木興道（Sawaki，2008）

如果你失去了身體的一部分，當然會有一些困難。但這就是你的人生，這個事實無法改變。

你被解雇了，因為你工作效率不夠高？這也許只是因為你不擅長那份工作。或許你擅長，但你已無從知道。只管盡力把事做好，盡可能做你擅長的事即可。然後你就會明白，其實沒有什麼好擔心的。

> 每一天都是好日子。
>
> ——澤木興道（Sawaki，2008）

上司很生氣？妻子對你叫嚷，因為你回家晚了——但你才剛熬過了一個可怕的工作日？

發生的事情你已經無法改變它。這些都是你生命中的一天。歲月苦短，而你無能為力。

既然不能改變，那麼接受它。也許你會找到些理由，反思它們。可能的話，下一次做得更好一點。歸根結柢，接受生命。

第 6 章
Chapter 6

「無我」境界

6.1 什麼是自我

　　在研究佛教之前，我沒有意識到「自我」（ego）可能是個問題。我思考了很長一段時間。這是什麼意思？為什麼「自我」如此糟糕？後一個問題至今我仍然在思索中。一開始當我被告知要放棄自我時，我還在懷疑，後來我有了新的認識。在禪宗中常說，人必須忘掉自己。是的，活在當下，放棄自我。因為自我讓你執著於外物。

　　在世界上很多地方人們喜歡彰顯個性。我們通常認為正是自己的欲念讓我們與眾不同。有的人把頭髮紮到半公尺高，有的人在眉毛附近穿洞。有人信仰能為自己帶來地位和頭銜的事業，有人則用程式設計技巧標榜自己。

　　要是你將他們的技能、事業或外在拿走，會發生什麼？一次車禍或一場大病，當意外發生時，他們表現得彷彿生活被摧毀了。一旦他們定義自我的核心被拿走，人生變得沒有意義。

　　你應該瞭解到，所念所欲並不等同於我們自己。慢慢成長、發展愛好、養成某種生活方式，這些都是自然而然的行為。基於某些原因，我們需要一個證明，希望自己是獨一無二的。但你也要知道，比起我們所做或所想去做的那些，生命包含更多內涵。

　　友誼通常基於共同的興趣和利益而建立，因此它可能會失去。另外，友誼也常意味著索取和給予；如果你不願意付出，友誼便消亡。

> 　有些人活著就好像沒有明天似的，而當死亡臨近時，他們的表現又好像從未活過。
>
> ——澤木興道（Sawaki，2005）

　　人生中的一次意外就可能使我們失去健康，失去自我定義和朋友。自我是個危險的東西。

6.2　自我強迫症

　　人總是與「我」緊密相連。

　　年輕時，我希望成為一名優秀的程式設計師。在我的憧憬中，人們會因為技術而尊重我。我的期望是如此強烈，於是我決定加入一項著名的開放原始碼專案。這不太容易，因為只有得到專案團隊的邀請你才能進去。

　　此外，只有當你證明你有能力致力於該專案及其團隊時，才能得到邀請。這種策略可以保證開發團隊是健康增長的，因為只有真正感興趣的人才可以加

入，而且專案團隊的其他成員如果有不同的意見，可以干涉新成員的加入。

　　對我來說，這是向世界顯示我程式設計技能的一個好機會。於是我著手撰寫了修補程式，並發送給專案團隊。忙碌了一段時間後，我卻沒得到邀請。相反地，我意識到有些程式設計師水平遠在我之上。他們看了我的修補程式碼，告訴我如何才能寫得更好。真令人沮喪。這件事沒有顯出我的技能，卻暴露了我的無知。在工作中，所有人都認為我技能出眾，但事實並非如此。就這樣，我沒有成為搖滾巨星，而是突然被打回小學生。

　　我繼續為專案寫程式碼，這會使我的履歷更好看一些。但我依然沒有得到邀請。某時某刻我以為永遠得不到邀請了。我放棄了加入該專案的想法，開始純因愛好撰寫程式碼。同時我改變了對程式碼撰寫的看法。我意識到自己已經學到了很多，開始享受向其他程式設計師學習，他們的水平明顯高出一籌。在即將完成軟體的第一個正式版時，我在 Email 收件匣裡看到了一個邀請。我欣然接受了。但在很長一段時間內，我都忘了將這個開放原始碼專案的名稱添加到個人履歷中，因為這已經不那麼重要了。

　　據說，有一天一個人來到佛陀面前。他說：「我想要快樂。」佛陀回答：「把『我』先去了，它意味著自我。然後把『想要』去掉，它代表欲望。現在你看看剩下的是什麼。」

　　這個故事真實地發生在了我的身上。

　　如今，我會試著做對的事情，而不是任由「自我」所控制。

　　倘若不定期冥想修習，我的「自我」又會開始膨脹。如果你也希望消除自我，最好的建議就是和我一樣，進行冥想修習。即使你堅信自己沒有自我問題，你也應該修習，因為在這種情況下，你已經完全處於你的自我控制之下了。

通常而言，將自己與他人進行比較，產生不了任何有意義的結果。

6.3 無我的程式設計

傑瑞・溫伯格曾經提到關於「無我的程式設計」（egoless programming; Weinberg，1972）。

他寫道，在工作時我們應該拋開自我，然後去審查自己的程式碼。並將自己犯下的錯誤展示給他人，解釋做錯了什麼。對其他同事的程式碼也這麼做。這一切應該在友善的氣氛中進行。他說，我們不是自己的程式碼，不應夾雜個人情感在內。

這真是一個好主意。不幸的是人都有自我，而且非常難以驅除它。如果我們不喜歡程式碼審查者，很容易存在一些先入為主的負面想法，而不會欣然接受程式碼審查結果。

可以這樣理解，我們的心念產生了程式碼，自我則將我們連結到程式碼上。在我們心念創造和我們之間有個連結。在某種程度上，我們就是程式碼。溫伯格的建議是，將心念從程式碼中切除。這就只有透過去除自我來實現。

如前面所說的，這註定路漫漫，其修遠。

6.4 看不見的自我

在我的職業生涯中遇到了很多人，但從未見過一個能夠做到「無我」的人。

有人試圖掩蓋自我，有些人則彰顯他們的自我。根據多年的經驗，我將自我的表現分為兩種不同的形式。

第一種人有著積極的、好鬥的自我。你替這些人審查程式碼非常困難，這很容易讓他們感覺不舒服，然後他們會找出你的失誤。當你指出一個拼寫錯誤時，他們會說你吹毛求疵。要是你指出一個架構性問題，他們又會抱怨專案預算太緊。總之，他們會為自己竭力辯護，哪怕辯無可辨。

第二種人擁有消極的、防禦性的自我。你對他們的程式碼審查可能會導致他們自己失望和沮喪。他們對自己沒有具備技術感到沮喪，而不是把握機會去提高它，又或者他們根本不在乎。擁有消極自我的人很容易感覺自己是愚蠢的。他們「自我」的自尊心比較弱。

我開始觀察人們的行為，以為自己會從他們的自我中學到東西。作為一位團隊領導者，我有很好的條件做這件事。我替很多人解釋了技術問題，進行過大量的程式碼審查。因此，我越瞭解別人的自我，我就越能控制自己的自我。對我來說，其他人要麼是「主動的自我」，要麼是「被動的自我」。

但很快我就意識到自己的錯誤：我已經忘了自己的自我。它並沒有得到控制，只是被掩蓋了而已。我經驗豐富，大家已經公認。在討論會上我有最終的決定權，這一點大家心知肚明。沒有什麼可以激起我的「自我」，使其暴露出來。

我意識到自己很享受在團隊中作為一個有經驗的、冷酷的傢伙的地位。事實上，我可能是團隊中擁有最強烈自我的人。在反思後，我意識到自己借他人學習的努力失敗了。我看到了別人的失敗，而看不到更大的視野，無視自己的失敗。

從那時起，我意識到，自我通常對其主人而言是不可見的。相信自己沒有

自我，也許正是有著強烈自我的危險信號。

如今，我知道自我如影隨行，每一秒我都與它戰鬥。我努力保持覺悟。在心念告訴我，我將失去對自我的控制時，我就會增加冥想修習，免得情形惡化。

6.5　少說多做

Gaken 一詞用來形容你對自己是個聰明人的私念與執著。很多爭吵都是出於這個原因。

一場會議裡總是會有一些重要人士。實際上，大多數與會者相信自己在某種程度上是重要的。如果自己不重要，就不會受到邀請，不是嗎？

要是你被邀請參加了一場無聊乏味的會議呢？這真是提供了一個可以抱怨浪費時間的完美理由，但你仍然會覺得自己很重要，因為他們不能沒有我。

最後，甚至那些從未被邀請參加會議的人也可能會認為自己是重要的——可能自己只是被遺忘了，或者自己的價值被低估了。

當員工確實相信自己不重要時，他就會破壞掉工作氣氛，或者選擇離開，或者兼而有之。

重要之人往往覺得自己有義務對每一項議題發表些看法，不管有沒有幫助。我們很容易迷失在無謂的閒聊中，喜歡自說自話。最可憐的，是那些需要等待很長時間——為了讓他人知道自己是多麼重要——的同事。

創新和創造力有時來自隨機靈感。我們應區分廢話和重要的意見。這很困難。在進行任何發言之前，我都會嘗試深呼吸。這通常有助於我明白，我是否想激怒某人，或者僅僅因為無法接受自己是錯的，便一味捍衛自己的立場。

我們需要照照鏡子，讓自己的思緒區分出自我、知識和經驗。強烈的負面情緒往往是一個自我的談話信號。厭倦，或者試圖去打動談話對象也是。

通常，發表對某個想法的支持就足夠了。如果會議的目的是討論宏觀問題，我們就不需要深入細節。有時我們不太喜歡某些同事，很難去支持其意見，但（如果是對的）我們應該支持。要有隨喜心，別人的成功不會讓你變得糟糕。有好主意的人理應享受其應得的名聲。團隊領導者不需要總是最有創意、最努力工作的人。實際上，並沒有什麼你死我活的競爭。

對於會議中的各種構想，我會就事論事。如果它們需要一點補充，我會加以協助。如果還需要瞭解更多的資訊，我就去問。要是我不喜歡這個構想，我會說清楚，並且試著提供清晰的論點。反之，如果這個構想是好的，我也沒有什麼具體的補充，我就閉嘴。

有些人可能不同意我的觀點，認為同事之間需要競爭。我不認為應該這樣。競爭只有當對大家都有好處，而且在某些方面有趣，才是件好事。但為「職業生涯」而競爭是毫無意義的。我瞭解的許多公司都推行職業競爭，這些公司得到的往往不是最能幹而是最有野心的職員。也許競爭有一些效果，但絕非我想要的方式。

那些推崇事業對其人生最重要的人可能會讓你厭煩。他們因毫無意義的瑣事而浪費你的時間。通常你對此無能為力。在你失控之前，你或許可以點擊自己內心的「忽略按鈕」，或者認真的找某個人說清楚講明白。坦誠明確的談話在很多情況下有作用，但並非任何情況都如此。

　　避免讓任何人（包括我自己）心煩意亂：這是我信奉的為人處世之道。我也希望其他人能像這樣生活。

　　當你漫步在森林中，向同伴展示一朵美麗的花，你的這位同伴卻滿腦子都是他自己的目標，就不會對此特別留意。因為自己的目標已經佔滿了他的思緒。反之，如果你向喜歡欣賞美景的同伴展示，他會欣賞這朵花。他的生活目標純真而且容易實現，能夠擁有更好的人生。

第 7 章
Chapter 7

禪即苦修

　　佛教名詞「三昧」意思是止息雜念，心專注於一境。我聽說「三昧」也常被禪僧用於指「艱苦的工作」。包括在花園裡工作，修繕寺廟等任何必要的勞動。如果你以為僧人只管打坐，而不事勞動，你就錯了。實際上，僧人是很辛苦的，至少在我瞭解的禪宗寺院裡是這樣。

　　在一些寺院中，僧人凌晨三點起床進行打坐，然後吃早餐，打坐，吃午飯，休息一段時間後繼續打坐，吃晚餐，直到晚上九點半睡覺。他們在進行攝心靜修（sesshin），這種高強度的打坐要持續一週或更長時間。如果你曾試過坐一小時一動也不動，你就可以想像，如此長時間的打坐是多麼辛苦。

　　禪是苦修。

7.1　無時不禪、無處不禪

> 禪非靈修，而是體修。
>
> ——澤木興道（Sawaki，2007）

澤木興道解釋說，內心不僅僅是透過身體來表現，更多是透過你對人生的態度表達出來。然後他繼續解釋，禪不是一個人獨自在房間內修習的，它不是只用大腦就能完成的修習。相反地，在生活中的每一秒你都要學會修禪。禪是你的日常生活。這也意味著我們去洗手間、撰寫程式碼、做飯時，都在修禪。所有這些，乃至更多的日常活動，都是禪修。

在任何時間，甚至工作時亦進行參禪。它將改變你的工作思考方式。

澤木興道還說：「一日不作，一日不食。」保持工作很重要。工作不僅讓你的餐桌每天都堆滿食物，它還有助於你腳踏實地。新聞裡充斥著無所事事的富二代濫用毒品和酒精的頭條，沒有工作，很容易陷入「自我」。太多的東西會滋生人的欲望。當習慣讓別人為你打掃廁所時，你很可能忘記那是多麼辛苦的工作。自己清理垃圾，照顧自己的家庭，可以幫助你看清自己是誰——不過是一個「凡人」而已。

7.2　吾生也有涯（活在當下）

在參禪之初，我有一個夢想，希望成為諮詢公司的合夥人。於是我努力工作，身體能量很快耗盡。我感覺不對勁，於是開始參禪，以免頭腦炸掉。不久，我反省自己，為何要犧牲未來十年甚至可能更多的時間來成為公司合夥人？突然，我的想法開始動搖。那裡的許多人都很膚淺。公司專案規模巨大，但一旦你靠近觀察，就會發現事情相當無聊。

這裡每個人都繫著領帶，面帶微笑，時時盤算著能為下一次晉升做點什麼。我意識到，儘管我需要工作謀生，但沒有人強迫我要在以職業為導向的人們

中間熬十年。生活中並不僅僅有工作，我知道，對我來說，還有家庭、音樂、騎馬。如果我想成為公司合夥人，我將不得不把這種完整的生活拋到一邊很長時間。甚至我可能會在這期間死掉。十年，我可以重新開始生活。那麼，是什麼阻止了我現在、未來十年甚至下半生的完整生活？沒有任何東西。

我辭職並加入另一間公司。幾年後，我再次離開，因為公司氛圍又變了，出現了與過往類似的要求：要我犧牲生活，以職業生涯為重。不管這個職業生涯看起來多麼美好，總不是我所願意的。現在，我在自己的公司，比以前任何時候工作都要努力。我不再有一個職業目標。生活變得更美好。出乎預料的是，我在生意上也取得了更大的成功。

職業生涯並不意味著要對上司言聽計從，例如叫你跳你就跳起來。人們似乎相信這可以增加自己的薪水。嗯，也許吧。但除了有人告訴你如何跳之外，你終究學不到任何東西。你這麼做，所以獲得那份工作。但我真的不想僅僅因為聽話而得到工作。我厭倦了這種公司。相反地，我希望在能夠激發天分和熱情的公司中工作。公司鼓勵員工發展，因為它們知道員工也將帶動公司發展。我希望公司是由鮮活的人組成的，而不盡是一些死板的主管層級。

在德國，社會工作者和老年護士的待遇很差。很少有人願意把錢花在老弱或生病方面。護士工作辛苦，但如果你與她們交流，便會發現她們似乎很享受自己的工作。她們可能報酬很低，但我從未發現哪位護士想要從事我的程式設計工作。這使我得出結論：讓人滿腔熱情的低薪工作比高薪但無聊的工作要好得多。當然，這並不意味著，這些人因為熱愛自己的工作就不配獲得更高的薪酬。她們顯然應該獲得更高的薪酬。50 年後，當我們需要幫助時，就會意識到這一點。

如果你總是帶著某種目的來做開發，你就可能會迷失。開發之路可以是美好的，成為一名軟體開發者非常美妙，無論你是初學者或專家，都很棒。但你

需要活在當下，扮演好自己的角色，否則你將錯過開發系統時的奇妙體驗。

在我見過的最令人印象深刻的人士中，都沒有花費太多的精力去思考職業生涯本身。他們只管工作，投入滿腔熱情和能量做自己該做的事情。這些人是天生的領導者。他們沒有凌駕於他人之上的權力，但有與人共事的力量（Forsyth，2009）。其他人認可他們，並願意追隨他們。不要總想著成為一位經理。要是你足夠優秀，具有領袖氣質，你終會得到那個角色。不要相信那些告訴你為了事業，應暫時拋棄生活的人，他們只是想控制你罷了。

彼得原理提出了一個重要的觀點。維基百科的定義是：「通常認為，在一個基於成績、成功和價值進行擢升的組織或企業中，該企業或組織的成員最終會被擢升到超出其能力水平的地步。該原理可以簡化為，被擢升的員工往往不能勝任崗位。」

總之，你將被提升到你做得最失敗的職務。基本這就是所謂的職業目標帶給你的。出於這個原因，你應該對自己的職業路線選擇三思。做你喜歡並擅長的工作，對升職說「不」，這個選項永遠存在。

7.3　身與心無法脫離

我的一位朋友是電腦管理員。他沒能從大學獲得學位，但博覽群書，當你跟他交談時，就會體會到他相當聰明，能夠很快適應並連結不同的哲學模式。聽起來成為像他那樣的思考者很吸引人，其實不然。他患有抑鬱症。我不知道他抑鬱的根本原因。我的最佳推測是，他對哲學懂得太多，所有東西聽起來都是錯誤、無聊和無意義的。在他看來，生活沒有多大的意義，我的朋友他未能

尋找到自己的生活方式。用理性的方式你是無法幫助他的，他需要自己找到一條自我解脫之道。

他過著思考的人生。

在一個夏天，我們深入探討了關於哲學的問題。他說，如果可以做到身心脫離，他會很高興。沒有身體，他也許可以不受任何限制地進行思考。

這是一個幻想者的怪誕念頭，還是後現代人類的妄想？也許對於生物駭客[1]來說，這還不是一種太奇怪的想法。

整個想法聽起來離奇、超現實。但是看看我們的生活：大多數程式設計師以不健康的姿勢一動也不動地坐在顯示器前，長時間凝視著電腦。因為我們在進行腦力勞動。對所有複雜問題我們都將其建模，然後以最小的勞動代價透過鍵盤將想法具象化。每天十個小時。午飯時，我們或許會將身體挪到附近的餐館，吃點東西。到家後，我們在電視機前放鬆。問題在於，我們是否避免將身體與頭腦分離，我們是否尚未失去與現實世界、現實生活的聯繫？

在我開始禪修後，我決定在現實世界中度過空閒時間。我選擇吹尺八，這個日本竹製樂器可以有助於你進行坐禪修行。

我受海童道祖的鼓舞。海童道祖是一位禪師，也是一位著名的尺八吹奏家（Watazumi，2012[2]）。50 年來他堅持並開創了自己的方式，強調身體和心靈之間的連結。他說，呼吸、體力與健康的心靈緊密相連。他的一天從凌晨三點半開始。首先練習日本杖，這是一種長 4.2 英尺的木杖，用於習武。練習杖術後，接下來是六小時的尺八吹奏。據說他至少連續三千天這麼做。

---

[1] 生物駭客是指那些向體內植入改造技術以擴展自己能力的人。

[2] [#watazumi]

> 　　當你在思考韻律時，韻律不僅僅是韻律，韻律還是整個身體包括每一個細胞在內的運動。
>
> ——海童道祖（Watazumi，2012）

當感覺自己深陷虛擬世界時，我就做運動，比平時吹奏更長時間的尺八。我牢記海童道祖的教誨，他死去之前還堅持吹奏尺八。

我的那位朋友讓我想起了尼采。

當你在虛擬中活得太久，你的現實也會變成虛擬的。如果你花費太長時間去解決複雜的技術問題，最終你自己也成為一個複雜的技術問題。

實際上，尼采所言更加激進：

> 　　無論誰與怪獸搏鬥，都需要瞭解它們還沒變成怪獸的過程。當你望著無底深淵時，無底深淵也回望著你。
>
> ——弗里德里希·尼采（Nietzsche，1886）

有一天我們老去，承受身體長期缺乏照料之苦。我們反省自己，為何這樣遭受疾病折磨？答案很簡單，過去的我們變成了怪物，成為虛擬人。

只要你還有肌肉、跳動的心臟、脈搏和細胞，你就應該想想別的。

7.4　學習、學習、再學習

人生中唯一不變的事實是沒有不變。人生永遠是持續前行，就像不息的河

流。我們所需的技能不斷發生變化。程式設計師每天都要完善自己的技能，但同時他們還要被迫學會快速改變思維，以及學習全新的技能。我們不斷學習新的業務，每天都要面對新技術，寫不同的程式碼。即使要實現相同或類似的需求時，也會發現沒有什麼能夠總是一樣。當你重複使用程式碼時，整合方式又不同了。

去年我還在用樸實的 jQuery 進行專案開發，現在，沒有 AngularJS 我無法開展專案。不過，向一位追求穩定性的客戶推薦任何新技術都不會容易。

孔子，這位對東方倫理影響極大的聖人，就強調學習是至關重要的。

> 生而知之者，上也；學而知之者，次也；困而學之，又其次也；困而不學，民斯為下矣。
>
> ——孔子《論語·季氏》

7.4.1　做一名好的林務員

好的林務員知道，每棵樹都是不同的。他知道樹根生長的不同。他瞭解每一棵樹，瞭解陽光、土地和其上所有的動物。在砍掉一棵樹之前，他會考慮所有這些因素。不稱職的林務員匆匆走入樹林，砍伐樹木，以便在盡可能短的時間內獲取盡可能多的利潤。

同樣地，我們需要瞭解屬於自己的環境。學習一門新的程式語言並不難，但將這門程式語言同已有的知識結合起來就不那麼容易了。學習時，應該多花時間去發現這些關聯。否則工作起來只能是淺嘗輒止，浮於表面。

7.4.2　理論須當實踐之

孔子曰：「困而不學，民斯為下矣。」但學習不光是坐在家裡讀書。你必須實踐自己所學的理論知識，否則理論永遠只能是理論。如果不去應用，那麼學習程式語言就沒有任何意義。除非用該語言做了一項專案，否則你不能真正掌握它。

這個例子看起來淺顯易懂，但是我認識的人中有很多仍然在進行毫無意義的學習。他們購買關於傳授技能、方法以及「如何活得更好」的書籍，但卻絲毫不應用這些學到的知識。他們之所以閱讀這些書，只是為了撫慰自己的良心——我常常這麼說。我詢問了身邊的人，得到的答覆往往是「知易行難」。那是當然，如果改變是如此簡單，我們就不需要書中的建議了。

你想提高為人處事的技能嗎？就試著成為一個好人。如果你不是一個好人，這對你就很困難。不幸的是，沒有哪本書能夠幫助你做到這一點，只有你自己能夠完成這種改變。

如果你確實不想實踐理論，可以把時間節省下來，去做別的事。

7.4.3　它山之石可以攻玉

向別人學習其實很容易，只是你的「自我」可能會阻礙你這樣做。

其他人可能會擁有更廣泛的知識，甚至當他們年輕時就如此。如果你不能從他們的程式碼學習，那麼就從他們的行為、憂懼或好惡中學習。如果他們不喜歡你，你要弄明白緣由。如果他們喜歡你，也要如此。如果你寫出好的程式碼，有人卻對此抱怨，你要弄明白是為什麼，為什麼同事想用一個更糟糕的方

案取代你的程式碼呢？

有一件事讓我學會了從別人身上學習，就是當我開始從事開放原始碼專案開發時。Apache 軟體基金會的核心價值觀是社群高於程式碼。在那段時間，我遇見了許多優秀的人。不僅在郵件列表中，而且在參加會議的人員中。他們都是很好的人，現在，當我有問題時，我可以向他們求助，他們通常都會幫助我。

當我不懂某個問題時，我並不羞於求教他人。即使我被以為應該知道某些東西，有時我還是會問那方面的簡單問題。我不太在乎這聽起來是否很愚蠢。沒有誰無所不知。在開放原始碼社群你的問題暴露在公眾視線下。有些人對此感到擔心，因為潛在的雇主可能會看到自己所問的問題。但這又如何？如果你問得很好，就沒什麼好怕的。你無需對學習感到羞恥。

我的第一份程式碼貢獻很可怕。出於好意我發送了程式碼，但總是因為這樣或那樣的原因遭拒。這樣的狀況持續了相當長的一段時間。起初這讓我感到沮喪，但後來意識到這是一個很好的學習機會。有時，一些在某領域取得非凡成績的知名人士會審查我的程式碼並提供反饋。開放原始碼工作比任何培訓教給我的都多。

如果你真的想學習，加入一個開放原始碼社群，跟其他人一起探索程式設計技術，你將會獲得豐厚的回報。

7.5　不要變成職業頭銜癮君子

你是一名資深程式設計師嗎？是什麼使你「資深」？是你的年齡嗎，還是你在專案團隊裡待的時間較長 抑或你擁有令他人吃驚 難以超越的技術知識？

我承認，在我年輕時，作為一名所謂的初級程式設計師，我一直想成為資深程式設計師。大概是因為大家都會聽從資深人員，而我嚮往受人尊敬。

實際上，成為資深程式設計師並不太容易。可能你工作 10 年，成為了某一特定程式語言的專家，別人卻僅僅是稱呼你為極客，而非專家。可能你學習了許多不同的技術，別人還只是將你以「初級」看待。甚至當你已經是無所不知，並經常向其他人解釋技術內容，「白痴」的稱謂卻還是偶然會在你身上出現。

今天，我們可真是陷入了對流行的瘋狂。大家都追逐職業頭銜，好像擁有這些頭銜可以馬上使他們更厲害。要是有人能像追逐職業頭銜那樣，將同樣的努力投入到對同事更友善一些，世界將會更美好。

這些令人瘋狂的職業頭銜包括軟體架構師、敏捷經理、軟體開發者、顧問、分析師顧問以及高級分析程式設計師等等。

「程式設計師」一詞被用來特指只會程式語言，但對其他方面一無所知的傢伙。如今，成為程式設計師是個挺糟糕的事。2011 年，派屈克‧麥肯西寫了一篇部落格文章，名為《不要稱自己是程式設計師，以及一些職業生涯的建議》（Kenzie，2011）。他寫道，稱自己是一名程式設計師可能遲早會導致你丟掉工作。你必須稱自己是一位「價值創造者」，或者是一些類似的詞彙。

基本上，其他一些人嘗試使用「資深顧問架構師」這樣的神秘職業頭銜。如果名片上還有一些空間，你可以把敏捷、SEO、REST 或其他時髦的詞彙印上去。今天，人們踐行職業頭銜營銷。

我不知道人們如何區分「程式設計師」和「開發者」這兩個詞。我聽到有人說，程式設計師說的是一些來自印度的同行，真正的開發者是指那些設計系統，並付錢給印度程式設計師讓他們打字的人。

> 程式設計師、電腦程式設計師、開發者或程式碼撰寫者都是指撰寫電腦軟體的人。
>
> ——維基百科

在維基百科中兩者並沒有差異。我也沒看到富裕工業國家的程式設計師/開發者與來自典型的外包國家的同行之間有什麼顯著的差別。

根據國家或分工不同來尋找差異顯然是走錯了路，容易導致偏見，也是傲慢自大的表現。

這會將世界分為三個部分。第一世界是真正的開發者、架構師和專案經理。而這些都是所謂的成功男性、迷人女性。在這個世界裡有著優秀的想法和宏大的夢想。第二世界是我們稱之為程式設計師的人，他們藉由寫程式碼賺點小錢。第三世界是我們的電子垃圾處理場，因為他們甚至不會撰寫程式碼。

世界上每一個角落都有優秀的開發者。你不能說實作規格內容的程式設計師比撰寫規格的傢伙水平要差，這你無從得知。

職業頭銜應該描述一個人最主要的工作。這種東西只是讓外人知道你是不是一位洽談業務的合適對象。頭銜並不能增減你的個人價值。你根本無法從頭銜上判斷一個人工作的好壞。

軟體人終究會以某種方式成為程式設計師。不管你是在設計軟體，還是測試軟體，抑或檢查客戶需求，所有這些都是軟體程式設計過程的一部分，這時你就是一名程式設計師。

在我自己的公司裡，我是首席執行官，也是軟體架構師、測試工程師、管理員和駭客。當然，我還是一名程式設計師。如果我僱用了某個傢伙為我撰寫程式碼，我仍然是一名程式設計師。

選擇一個好的職業頭銜是一門技術。請用一兩個單字表達你在做什麼。我們不可能每天都需要做範圍廣泛的工作。好的職業頭銜應該簡單而意思清晰。

7.6　流水與止水

> 沒有人能在流水中看到自己的倒影，在止水中才可以。
>
> ——道教諺語

在工作中，我們就像轉輪上的倉鼠不停地跑動。我們要處理電話，上推特，回電子郵件，要寫程式碼修復其中某個可惡的問題，它們本不該出現的。而客戶絲毫不在乎這些問題怎麼來的，他們只知道專案必須在最後期限前完成。

我們不僅是程式設計師。我們需要呼吸，需要時間反省自己。我們需要慶祝勝利，需要感受自己的骨骼、肌肉和皮膚。我們還需要時時排除他人帶來的問題侵擾，保持自己的生活狀態。

簡而言之，我們需要為自己的思緒和情感留出時間，無論它們是好的，還是壞的。要讓自己的生命之水平靜地流淌。

為了能平靜下來，我們應該嘗試一些工作以外的事。一些人認為，休閒愛好只是「娛樂」，容易讓人「分心」。對於這些人而言，只有工作時間才是真正的生活。他們錯了。如果你能承受起某項休閒愛好，你就應該保持它。愛好有助於你表達自己，發展個性，最終也會反映在你的職業生活中。

我認識一位騎師，在騎術運動中獲取人生的意義。它很有效果。我還認識

許多音樂家，他們透過音樂釋放內心的壓力。對於另一些人來說，長跑有著同樣的作用。這些愛好都可以幫助我們反思自己，究竟我們是什麼樣的人。其實你的所作所為就是你對自己的闡釋。

愛好也會改變你對生活的看法。

工作為我們帶來餐桌上的食物，可能還有更多回報。但是，如果你不去發展自己的人格魅力，也就無法發掘自身的工作潛能。

通常大家說我是一名吹尺八的程式設計師，但其實我是一名從事程式設計工作的尺八吹奏者。在生活中，我欣賞鳥語花香。即使在壓力巨大時，我也不忘記看看窗外的世界。這不僅僅是一種自我保護，或者是偷懶的表現。它可以幫助我內省，發現自己思維中的錯誤，分清事情主次輕重，進而把工作做得更好。即使我沒在吹尺八，我也是一名尺八吹奏者，即便在參與會議時也是如此。每一次呼吸時，我都是一名尺八吹奏者。甚至當我的手臂不能再動彈，無法吹奏尺八了，我仍然是一名尺八吹奏者。我相信，尺八已經融入了我的生活。

你是誰呢？

如果你無法回答，不妨靜坐下來，反思下你的人生。

7.7　初學者心態

我曾經遇到一些奇怪的人。他們剛從大學畢業，到辦公室的第一天，就希望成為團隊的領導。自然，他們沒有得到想要的東西，並對結果非常失望。

這些人可能在大學裡取得了優異的成績，但一旦工作了，則往往要從頭學

起。在大學裡你可能學習了 Java 語言。在工作上，你則需要學習大量的新工具和新的程式設計概念。

有些年輕的開發者能很快適應環境，有些則無法適應。他們帶著專家（內行）的心態做事，而教育一名專家是極其困難的。專家傾向於認為自己知道一切，很難接受任何新的知識，因此學習速度很慢。

我曾經就接收一些過後被證實是「專家」型人才的新團隊成員。無論其有無經驗，這些「專家」都可能會成為專案的毒藥。

> 在初學者的心靈中有很多可能性，在專家的心靈中則不然。
>
> ——鈴木俊隆（Suzuki，2011）

鈴木俊隆說出了我的心裡話。越是一名專家，看到的可能性就越少。當我還是一位年輕的開發人員時，有人告訴我：「如果你有一把鎚子，所有的問題看起來都像一個釘子。」

告訴我這句話的同事有著豐富的經驗，但並沒有專家心態。

當他遇到一個問題時，總是去尋找最好的工具或最佳方案。當需要使用單行程式工具時，他去學習 Perl；當需要進行 XML 轉換時，他學習 XSLT。他不斷地學習新事物，不害怕嘗試新技術。持續的學習不僅可以讓頭腦保持新鮮，還可以擴展你的視野。後者將為問題帶來不同的解決方案，最終我們可以從中選擇一項最佳方案。

持「專家」心態還有一個已知問題，即影響客戶。

當一位新客戶向我們表述需求時，我們認為自己是該領域專家，不願意認

真傾聽。我們不去瞭解客戶的想法，反而傾向於按自己以前的做法提出同樣的建議。但現實是，兩個汽車製造商可能面臨相同的問題，卻由於各自有著不同的背景，實際上可能需要兩種不同的解決方案。

因此，最好隨時保持初學者心態。不妨假定自己從未為此類你正在傾聽的客戶服務過，假定自己是你最愛的程式語言的初學者，假定某人告訴自己的某事中有什麼真相。即使未必採納這方面的知識，也應該像初學者那樣去傾聽。

7.8　像火頭僧那樣撰寫程式碼

火頭僧，是禪宗寺院的廚師。在歐洲，普通的「廚師」是與任何特殊榮耀不沾邊的。在禪宗中，火頭僧是一位德高望重的僧人，擁有重要的地位。（注：中國佛教禪宗六祖慧能就是一位火頭僧。）

道元禪師寫了很多關於火頭僧的文字。道元禪師出生於公元 1200 年，在他的母親死後，他加入了一座寺院。此時日本正處於內戰時期。即使是禪僧，有時也被迫武裝起來，因為不同的禪宗流派都希望獲得更多的權力。道元很早就離開了寺院，因為他無法在寺院生活中領悟佛性。內戰結束後，他去中國學習佛學。

今天，他被譽為禪宗革新者，開創了日本曹洞宗。

道元禪師最知名的兩本著作是：《典座教訓》、《赴粥飯法》（Dōgen，2007）。之所以寫這兩本書，是因為他認為在許多寺院中烹飪並沒有帶著正確的意識。他相信火頭僧很重要，其職責應當被看作是一種重要的修習。只有最出色的弟

子才能擁有火頭僧的榮譽。

多年前在閱讀這本書①時，我意識到，程式設計師應該像火頭僧那樣去撰寫程式碼。

火頭僧需要仔細計算僧人們食用的白米等食物。要足量供應所有人。每頓飯後應該稍有剩餘，但又不能剩太多。火頭僧估算食量時需要查看僧眾情況。有多少人？有客人嗎？有無因生病而食欲減退的？有無因從事繁重勞動而需多進食的？等等。

程式設計師應該以類似的方式工作。我們需要查看軟體需求，估算要付出多少工作量。例如，如果建立一個簡單的部落格網頁，我們通常不需要撰寫詳細的規格文件，甚至不需要制定正式的測試計劃。不過，為客戶繪製一些頁面草圖等，將我們的開發計劃具象化無疑是有益的。如此這般，所做的不多也不少，恰到好處。如果專案規模擴大，你依然能夠增加規格文件的數量。

如果你做的是一項規模較大的專案，注意，一切需求都應該嚴格記錄，並且為其他團隊成員編制足夠的規格。文件和規格用於溝通和交流。應該寫得非常清楚，讓每個人都能理解你的意思。如果你花費太多時間在做一些無須人工處理的業務，那麼就做得過量了。例如，從原始碼中複製部分文件到一個 Word 檔中通常屬於過量勞動。因為有可以從原始碼中產生文件的工具，讓我們避免付出不必要的工作。

火頭僧具有對廚房的大局觀。他知道缺什麼、不缺什麼，並且花時間去加以評估，有條不紊地安排好。

就像火頭僧那樣，程式設計師需要保持對專案（工作量）預算的大局觀。我們需要花時間重估並調整之前的估算。基本上，任何時候被問及自己的活動

---

① 我其實閱讀的是德文版，其中包括澤木興道大師弟子——內山興正禪師的評論。

狀態，都要準備好給出適當的回答。作為程式設計師，我們經常要面對無法預見的情況，例如等待來自客戶的反饋。在這種情況下，我們要保持開誠布公。在最壞的情況下，如果知道專案資源不足，「火頭僧」程式設計師就不應該同意參與該專案。火頭僧如果無法得到所需的食材，可以不做飯。

敏捷程式設計方法誘使我們只考量到撰寫程式的時間。如果不謹慎地應用該方法，創新時間以及關注其他事情的時間就難以得到保證。如果沒有足夠的時間，程式設計師應該要予以拒絕。這應該被視作一種風險，就像我們可能遇到的其他任何預算風險一樣。

我曾犯過一個錯誤，當時我的時間很緊，但同意參與一項低預算專案。客戶不斷煩擾我，直至我同意雇用幾名學生，撰寫程式實現他那宏大的音樂家社交網站的夢想。我很清楚這個想法是不會成功的。這名客戶告訴我，他會對學生保持耐心，但我知道這並不屬實。學生們很希望得到這份工作，因此，儘管我的感覺很不好，但最後還是答應客戶，可以那麼做。我唯一做好的事情是保持控制。但這無濟於事，我眼睜睜地看著事情越做越糟。客戶後來很生氣，學生也很生氣，最後我不得不自掏腰包支付學生的薪酬。

低預算的專案永遠不會給你足夠的時間讓你三思而行或做出正確的決定。也不會給你留足夠的客戶支援時間。這就像巧婦難為無米之炊。

道元大師曾寫道，火頭僧需要為僧伽（即僧眾）準備食物，應該將六種不同的口味和三種不同的偏好協調地結合。六種口味包括苦、酸、甜、鹹、淡和熱。三種偏好是正確的烹飪、正確的備餐和正確的品嘗。這不僅僅是適用於火頭僧，也很適用在程式設計師身上。

程式設計師需要在以下事物之間做出權衡：

- 複雜性與靈活性。

- 手動工作與自動任務。

- 文件與耗時的記錄。

- 單元測試與預算。

- 混沌與方法論。

- 設定與慣例。

等等。

做這些需要正確的方法。當火頭僧發現米中有一粒沙子，就必須將它揀出。清洗白米時，他不能弄丟一粒米。必須檢視所有利弊，然後作出決策。挑選出最好的，但是不要遺漏隱藏的寶石。

火頭僧在烹飪時必須認真仔細，煮飯的過程中不能離開去抽煙。做飯的同時必須煮湯。雖然有幫手，但他需對成功準備一餐負責。為了完成任務，他必需全神貫注。在我們撰寫程式或制定計劃時，同樣需要全神貫注。專案的準備與計劃，與專案執行同等重要。

就想廚師的任務是做出美食，我們也應該交付專業的軟體。雖然測試驅動開發的理論很有意義，但並非對每一項程式設計專案都是如此。請別誤會，單元測試對專業軟體開發的確至關重要。但是，只對最複雜的部分進行單元測試以準時交付專案，比測試實際上不可能發生的異常而晚交付四個星期，要好很多。對原始碼中的風險保持誠實。有時它的味道難免有點鹹，但要避免過鹹。單元測試不應成為一種宗教信仰，它只是一個工具。

最後，我想分享道元大師著作中一個讓我印象深刻的故事。至於如何理解這個故事，則取決於你自己。

道元大師寫道，火頭僧用全部的身心投入工作，從不浪費時間，他可謂是在踐行佛祖的教誨。

有一天，在行旅中，道元抵達一間寺院。太陽無情地炙烤著大地，他的雙腳幾乎無法站在地磚上。火頭僧楊正在曬蘑菇。他拿著一根沉重的竹杆，沒戴帽子。他已經六十八歲了，對年老的他來說這是項艱苦的工作。道元可以清楚地看到汗水流進了楊的眼睛。

道元問道：「為什麼不讓年輕人幫助你？」楊說：「其他人不是我。」道元沒做多想，又問：「我想你是對的，因為你是在做佛陀的工作。但天氣酷熱難耐，為什麼你要在這麼炎熱時工作？」楊答道：「因為現在正是行動的時間。」

7.9　程式設計之業

在許多宗教如印度教、耆那教和佛教中，業（或稱因果報應）是一個重要的概念。它的含義是，任何行為（業）都會招致果報，甚至包括心靈的動念行為。蝴蝶效應聲稱蝴蝶振翅可能會引起一場熱帶風暴。業跟它類似，只是它的果報未必發生於現世，也可能報應於來世（或下一代）。

你可以將因果報應視為像數學或物理原理那樣的客觀規律，這裡沒有上帝來參與裁判你和你的家庭成員所招致的業力。

西方對業有時存在誤解，認為我們要多造善業，避免惡業。其實不然。事實上，你的終極目標應該是不造任何業，無論善業或惡業。就像我們站在湖中，不去擾動湖水，僅僅與湖和周圍環境融洽合一。

也許你已經猜到，佛是無業人。是的，如果不再造業，你就打破了生與死的無盡循環，得到最終解脫，進入極樂世界。

同樣思維，我們在撰寫軟體時也應試著不去造任何業——團隊業或程式碼業。善業和惡業都會對他人造成干擾。

眼下請忘掉「善」和「惡」這兩個詞語在西方社會的含義。你可能以為「善」業只有好處沒有壞處，其實不然。「善」業只是你的好意，但它可能產生危害。我們不應試圖「行善」或「作惡」，而是應該努力做「正確」的事。「善」與「惡」都是相對的。對你而言是「善」的東西，對他人並不一定如此。倫理道德是一個複雜的問題，並不存在明確的答案。善舉或惡行都會導致衝突，我們所應做的是「不動」。

7.9.1　團隊業

在團隊中請不要自負或傲慢。團隊就像一座巨大的湖泊，而你只是其中一滴湖水。如果你行為不佳，就會變成具有毒害性的擴散油滴，並污染湖水。生活在其中的魚和鳥也將因此遭殃。要是湖泊不大，所有的生命都可能消亡。

網路上常有許多關於新創公司「一號」員工的故事分享。新創公司是一個脆弱的生態系統。它們啟動時規模都很小，有時一直保持小規模，有時會成長為大型公司。無論哪一種情形，都要從僱用一號員工開始。一號員工往往被認為至關重要，因為他決定了整個團隊的氛圍和基調。如果你決定僱用一個技術高超的討厭鬼，你就造下了惡業。沒有任何人想跟一個討厭鬼共事，即便他是一個天才。大公司也許可以彌補此類業力的報應，但小公司可能無法承受。

要是你僱用了一名友善、熱愛工作、凡事總是持積極態度的人，你就是在

造善業。當你與生俱來也是個樂天派時，這也許不會為你帶來什麼問題。但如果你偶爾內向，無法總是看到事情積極的一面，這位有著善業的人可能會助長你的不安。

變成討厭鬼或是一縷陽光，與周圍的人息息相關。

最好僱用一名適合你和你的團隊的人。與你和你的團隊成員相比，這個人既不過分樂觀，也不過分消極。他願意分享夢想，同時正好契合團隊的空缺。今天，找到正確的人是一門獵頭藝術。現今的 IT 產業在招聘員工時並不僅僅是為了「填補空閒職位」。

7.9.2　程式碼業

當你寫出有缺陷的程式碼時，就是在造惡業。惡報將在軟體的目前版本或未來版本中降臨。

在新創公司中，錯誤的程式碼會招致嚴重的麻煩，更嚴重的甚至會導致公司倒閉。你應該避免招致程式碼的惡報。如果你希望避免寫出糟糕的程式碼，我推薦參考以下書籍。

- 《Clean Code》，Robert C. Martin 著。（Martin，2008）

- 《Design Patterns》，Erich Gamma 等著。（Gamma，1995）

- 《Refactoring》，Martin Fowler 著。（Fowler，2008）

你在大學裡應該已經閱讀過這些書了。

程式碼中的惡業可能是來自於缺乏單元測試、可讀性差，或者寫得過於複

雜。在今天的整合開發環境時代，匈牙利表示法不再有必要。複雜性是一個相對主觀的問題，可以透過與同事討論而避免。程式碼審查對於擊敗「頭腦短路」非常有幫助。

如果在輸入每一行程式碼前都能慎重思考，就可以避免程式碼中的惡業。不要因為不知道其他更好的做法而接受糟糕的做法 如果你瞭解一些別的東西，不妨嘗試尋找替代方案，對其進行比較。培養你自己的主見無疑很重要，但是如果有人的論點比你的更好，要虛心採納。

通常可以使用適當的工具來發現程式碼中的惡業。例如，Findbugs[①]可以幫助我們發現相當多的程式碼中的壞味道，例如對物件的不當修改等。此外，還有單元測試工具、程式碼格式檢查器，以及告訴我們所寫的程式碼過於複雜的工具。

換句話說，惡業程式碼是由沒有施加足夠注意力的壞程式碼造成的。

軟體中的程式碼不是用來彰顯你是一位多麼優秀的程式設計師，它是為了滿足某種用途、實現需求而存在，它應具有良好的維護性。當你出於炫耀技巧的目的而撰寫程式碼時，你是在造善業。你可能有一個好的出發點，為了建構出最靈活的系統，或者建立重複使用性最好的測試系統。但是，如果實際上並不需要這些東西，你的這些所作所為只會讓事情複雜化。

換句話說，善業程式碼由那些出於善意撰寫但要求獎賞的好程式碼而造。所謂物極必反，好得過分的程式碼也會變成糟糕的程式碼。如果團隊中沒有其他人能夠理解程式碼內容，其設計再怎麼神奇也是無用的。

程式碼中的善業更成問題。造善業的人往往對自己的決定有著很好的理由。

---

① 　http://findbugs.sourceforge.net

這時進行討論是非常困難的，共識則往往更難達成。說個切身故事，我曾有一位才華橫溢但確實古怪的同事，他曾為一個業務模組引入圖論。整個方案極其複雜，難以理解，需要高超的數學技能和大量的時間才能跟進。我們不清楚是否需要該方案帶來的功能，因為需求不清晰。但是經過一些討論後，我們同意採用該方案。

我們犯了兩個錯誤。

首先，我們抱有專家的心態。我們本應該以初學者的心態對待問題。我們只討論了一項方案，但可能還存在別的方案。

其次，我們造了善業，思考過於遙遠的未來。我們添加了五年後可能才需要的功能。這是一種常見的觀點：現在多花些時間以後就省事了，所謂一勞永逸。但也是一種非常危險的觀點，而你非常難以反駁。

在這個例子中，我們招致了果報。使用者需求略有改變，導致我們也修改程式碼。突然程式碼中拋出大量的異常，程式變得難以維護。又一次，我對如何改善毫無頭緒。我只知道，如果之前花費多些時間討論各種備選方案，應該能夠找到更好的方法。

那些想要建立「好得不能再好的程式碼」的團隊成員造善業。他們竭盡所能撰寫出最佳最靈活的程式碼。這些程式碼超出了他人的需要，但在他們看來，卻是別人所能得到的最佳程式碼。其中也許還包含有一些「自我」的因素，不過也未必。

還有一次，我要求一名開發者開發一個測試工具來協助品質保證（QA）團隊，以減少他們的工作負擔。這位開發者相當積極的開發測試工具。但該測試工具過於靈活，以致於 QA 團隊從未使用過它。因為即便是簡單的測試工作，這個工具也需要設定大量的選項。是的，這個測試工具的確非常靈活，理論上

也是我們需要的，但它過頭了，開發者為這個工具投注了過多的功能。

惡業遠比善業易於避免。由於所有的業都是我們的行為失準造成的，因此可以利用工具來識別惡業並控制它。善業則不受工具的控制。在許多情況下，善業屬於社會問題，也可能只是出於某種激情。「竭盡所能」並非總是最佳選擇。我們必須坐下來，思考所處的環境，努力滿足實際的需求。換言之，應以全盤考量的方式防止在專案中造善業，這些考量包括專案成員、客戶、需求、競爭對手以及我們自己。

總之：

程式碼中的惡業是由缺乏觀照的壞程式碼造成的。程式碼中的善業則是由求好心切的好程式碼造成的。

最好的選擇是不造業。

即使你知道自己在做什麼，你還是可能撰寫出壞程式碼。有時撰寫帶有缺陷的程式碼是不可避免的。每位程式設計師都做過這樣的事，將來還會做。但是，只要你謹慎對待，這是可以接受的。在意程式碼缺陷的人將會解決問題，至少會牢記在心，他們能夠對缺陷作出及時的反應。

我們可以試著撰寫出極佳的程式碼，專注於自己想要解決的問題，而不是被動的依同事要求而行。程式應該專注於解決當前問題，而不要在設計上過頭了。雖然這樣做看起來有些乏味，但卻無疑是最恰當的。

第 8 章
Chapter 8

一花一世界

8.1　佛陀程式設計師

在寫了《程式設計師的十條禪修法則》（The Ten Rules of the Zen Programmer）一文後，有人問我：「如何才能遵守所有這些規則呢？」今天，我更傾向於使用一個不同的標題，比如「關於程式設計的十條禪修建議」。

名詞「規」意味著「要求遵循」，即如果違反了規則，就不算是一名禪宗程式設計師。但我本意並非如此。

遵循禪規有時會比較容易，有時則很難。有時我們甚至無法完全堅守自己的道德準則，即便疲憊不堪也要繼續工作，因為我們擔憂未來的生活，我們都只是凡人而已。此外，如果你正在閱讀這本書，顯然你不大可能是一位禪僧——你可能擁有一份工作，或者正在尋找它。也許你不得不照顧家庭，如果完全遵循禪規，就很難履行養家糊口的責任。

我們都知道僧人是出世的，不受世俗生活困擾，即便如此，還是有許多僧

人修禪很久都不得其法。既然如此，又怎能要求處於高度工作壓力下的程式設計師完全遵守禪規呢？

只閱讀幾本書是沒有用的，放棄工作也無濟於事，而僅僅是幾小時的打坐則效果甚微。禪是苦修，需要畢生付出，才能真正達到心靈的平衡（雖然也有例外）。

要是能完全遵守所有的戒律的話，你大概已經成佛。非凡之人目光空明澄澈，非凡之人總是慈眉善目。與這樣的人的學說相比，本書毫無價值。我遠遠算不上一名佛陀程式設計師。

我寫作本書，是因為禪改變了我的一些內在。但這並不意味著我在任何時候都能遵從自己的戒律，我做不到。好在我已經意識到問題所在，知道禪有助於解決我的問題。

我以自己的節奏進行禪修。但這並不是我們修行的目的，修行自會使我們不斷前行。成佛不是目標，也沒有必要。我的目標是腳踏實地，盡可能的。我希望從疲憊、重壓和專案的最後期限中解脫出來。我希望過人過的生活。

佛陀脫離了苦海，往生淨土。要是真的追究現實世界中的佛，那麼此處所謂的佛陀程式設計師是不存在的。佛不會坐下來寫程式。

我所謂的「佛陀程式設計師」，只是一個針對極少數群體的名詞。它並不是指真正的佛陀，而只用來形容那些視野空明、心如止水的人（程式設計師）。這些人能夠看到同事身上的優點，還能夠協助指出其缺點。我們要是遭受情緒和欲望的驅使，佛陀程式設計師可以幫助我們找到歸途，使我們不迷失方向。通常而言，這些人為他人所信任和愛戴，雖然他們並不指望尋找追隨者和信徒。

> 如果你在路上遇到佛，殺了他。
>
> ——臨濟義玄（Suzuki，2011）

臨濟義玄是臨濟禪宗的創始人。上面這句話是他最流行的格言，你會發現很多禪宗書籍中都引用了這句話。臨濟義玄認為這條警示相當重要，以致在禪宗語錄中，將它放在非常首要之處。

如果你在自身之外看到了佛，那是假的。你要擺脫它。佛在你自身裡，而非別處。殺掉那個佛，你會重獲自由。換句話說：求成之心愈切，則成佛之路愈遠。同樣的道理，對於程式設計而言，你越是想成為一名優秀的程式設計師，就越是不可能，反而可能會變成討厭鬼或吹毛求疵之人。事實上，盡力而為、享受工作，是任何優秀程式設計師皆應具備的信條。活在當下，是最重要的。

樹立目標，反而可能妨礙目標的實現。

因為修習，所以修習。因為寫程式，故而寫程式。我從未聽過一位禪師自稱「佛佗」。相反地，萬物「皆」佛（Red Pine，1987），萬物「皆有」佛性（Dōgen，1997）。動物無時不在表達佛性，我們人類也要學會表達。明白了這一點，就可以將「佛性」看作是一種心靈狀態，它不期而至，也可能不辭而別。雖然我對它不太瞭解，但我明白，處心積慮成為一名優秀的程式設計師或者佛陀（程式設計師），毫無意義。

8.2　弟子與師傅

幾年前，我將對特定技術領域有著深刻理解的開發者稱作「大師」（Guru），

從他們那裡我學到很多知識。後來我轉用「先生」來稱呼他們。所謂「先生」的意思是「先出生」。這也表達了我願意學習如何解決問題，而不僅僅是追求技術細節的想法。

先生他可以教你武術、禪宗冥想或者任何你想學的東西。在日本，先生比西方社會中的老師更受敬重。

日本的先生更接近於你的偶像。學生與先生的關係很深，幾乎達到父母與孩子的程度。一旦選定了一位先生，學生就會追隨他很長一段時間，甚至是一生。離開先生是件嚴肅的事情。要是學生離開了先生，說明發生了可怕的事情。這往往意味著不尊重或失去信任。一旦離開，可能很難再找到一位新的先生。

在禪宗中，弟子往往與他的師傅一道被提起。例如：「內山興正禪師，是澤木興道大師的弟子之一……」

另一方面，如果先生覺得自己不能為弟子做更多的事情了，就會對弟子放手。幾年前我看到一句話：「終有一天，你將師從另一位師傅。」我忘了書名以及是誰說的了。要是聽到先生對你說這句話，你可以認為這是一個很大的讚美，因為先生等於告訴你，你將比他更有修為。

但是現在在日本，這句話似乎也可用於諷刺。為了避免不理解而用錯，我在下面使用「老師」一詞。

老師在西方是不同於日本的。

在西方，我們不一定要與老師有什麼關係。學生去教室聽課，老師則做好他的本職工作，試著向學生教授一些知識。下課後，我們就離開。

8.2.1　為人弟子

過去我跟所學習的同事之間從未有過這麼強烈的關係，但是我依然試著盡可能多學習。直到有一天，我被邀請加入 EAI 團隊。EAI 的全稱是 Enterprise Application Integration，意思是企業應用整合。它是一種整合大型軟體系統的技術。它很複雜，而且該領域對我來說是全新的。但我很幸運，有一位能幹的老師指導我，他會用很多種工具和程式語言。這位老師並不害怕嘗試新的技術，也不畏懼使用自己不擅長的工具，而只管選擇最有效的方式解決問題。就這樣，他學到了大量的新技術。他對食物非常挑剔，甚至認真地選擇飲水。即使我們每週工作六、七十個小時，直到深夜，他也保持積極態度，並保持冷靜。我們成為一個真正的團隊。我非常努力去像他那樣做事。後來，我能夠在他的工作方式上做出改進了，使之更適應自己。對我來說，這很美妙，他對我今天的工作方式有著巨大的影響。

作為他的學生，我努力學習他教的一切。認真聆聽，並模仿他的工作方式。

在西方，模仿通常有著負面的含義，聽起來似乎缺乏創造力和少有創新性，然而我們卻忘記了這是學習的自然方式。我們的孩子就是這樣學習的。我一開始學尺八時，就被要求模仿老師，直到能夠掌握吹奏方法。等我理解老師是如何吹奏的後，才被允許自由練習、創作及修改。到目前為止，我已經模仿了四年。依然還有很多方法尚未掌握，需要仔細體會思考。

有一種說法，人的學習就像從骨骼生長開始。隨後，透過模仿逐步建立肌肉和神經。等長出皮膚了，掌握了必備的知識技能，才可以停止模仿。

我認識一位出色的爵士鋼琴演奏家。我們經常在一起討論音樂的本質。我跟他說了一個搖滾樂團的故事。這個樂團的成員相信只要有情感就能玩音樂，

他們將音樂理論批得一無是處，甚至拒絕學習基本樂理。爵士朋友告訴我，等你成為了音樂理論專家後你才能無視規則。這句話突顯了對巴哈或韋瓦第模仿的重要性——若你想嘗試創造音樂的話。不知道規則，你也就不知道如何打破它們。

模仿時，你已在形成自己的風格。這幾乎是必然的過程。模仿不是複製，我吹尺八的方式跟我的老師是非常不同的，即便我試圖像他那樣發音，也不可能相同。

一名上進的學生可以從其他人身上學到很多。許多人願意向你傳授他們所知道的一切。我就學會了，尊重他人，則無數大門為你敞開。在提問之前，請先思考問題並自己琢磨一下，這可以顯示出你對所問之人的尊重。老師不是你的私人 Google 搜尋工具。相反地，自己先舉出幾個答案，然後請老師確認，可以顯示你的誠意和興趣。老師通常根據你的行動作出回應。你要是懶惰，老師通常也懶於回答問題。如果你對問題感興趣並全力以赴，那麼好的老師能夠提供最佳的回饋。

不要浪費老師的時間。問你需要問的，但不要假裝感興趣而去問一些顯而易見的問題。無論何時，提問前準備好問題，以便老師快速理解你想要知道什麼。問題要簡短、精確，不要問瑣碎無聊的問題。

前面已經提及，模仿不是複製。我的老師是使用 Perl 單行程式和 VI，對此我也試著學習了好一段時間。雖然我未能深入使用 Perl，而是使用 Ruby，但我倒是經常使用 VI。

老師們也經常會當自己是一名學生。他可能希望聽聽你的經驗。咖啡休息時間是談論這些話題的好機會。他可能會給你一些小建議，也很可能喜歡聽你說說你的興趣。

永遠不要以獲得老師的工作為目標。如果你這樣做，沒有人會再教你任何東西。當你有成就了，其中一份功勞要歸功於老師。別忘了，沒有他你就達不到這個高度。讓你的團隊知道有老師在協助你，這並不是一件讓人感到羞恥的事。在你企圖獲得他的工作或職位的那一刻，他就不再是你的老師了。這樣做會打破你們之間的關係。

讓你們的關係純真、公開。如果對老師的所做有疑問，第一時間告訴他。不要讓老師難堪，只是說出你的想法，給他一個機會作出回應。在跟更多的人討論之前，兩個人開誠布公地談一談，通常是個好主意。

談話是開放和建設性的，老師就會信賴你。你不把老師當墊腳石，他將會信任你。而你們甚至可以互相作為對方的老師。

學生和老師之間的關係是接受與給予的關係。作為一位學生，你沒有太多的知識給老師。你能夠給老師的，是信任、可靠、誠實、承諾和忠誠。

8.2.2　成為師傅

有一次，我辭去一間大型諮詢公司的工作，去了家小公司。團隊的規模只有十至十五人。員工來自當地而非德國各地。很多時候，他們都只算是大學畢業生。毫無疑問，在我的團隊中有很多有才華的年輕人，但他們欠缺經驗。

開始的幾天，有很多人到我的辦公桌前向我討論問題，我很困惑。當我有問題時，卻無人可問，這使我感到孤獨。我有些難過，感覺自己好像開始教別人，但卻不能再學習了。

幸運的是，我錯了。

實際上我擁有整個團隊可以從中學習。當聽到「老師向學生學習」一說時，我發現這是事實。

例如，我知道了對年輕員工來說哪些是難的，哪些容易理解，這有助於我給他們分配任務。我還「學會」了每位同事的長處。透過將所有個體看作為一個整體，我可以為每個人分配恰當的角色，以各盡其才，各盡其用。

作為一位老師，我發現提出建議應該像為食物加鹽那樣，要格外謹慎。從自己的經驗教訓中學習，這是開發者最好的學習方式。他們通常處於精神發展和體格的巔峰，精力充沛，充滿激情，我們老員工可以利用這些特點。沒有必要凡事都微觀管理，他們有能力獨立解決問題。

以身作則就是在給學生提供好建議。要是想解釋加班的必要性，請成為第一個加班的人。好學生自然會意識到你在做什麼。只有當學生提問的時候才提供答案。即使你可以從他們的眼睛裡看到問號，也要等他們提問後再回答。年輕的同事需要時間去思考。需要幫助時，他們自然會來找你。

據說，有一位先生的教學方式是讓學生親身體驗。奧根·赫立格爾是鍵藏粟的弓道（射箭）學生，他寫道：

> 一天我問師父，「如果我不放箭，箭怎麼會射出去呢？」「是『它』射的。」他回答。「我聽你這樣說過好幾次，讓我換個方式問，如果『我』已經不存在了，我又如何忘我地等待那一箭呢？」「『它』會在張力最高點等待。」「這個『它』是誰呢？抑或是何物呢？」「一旦你明白了這點，你就不需要我了，如果我不讓你親身體驗，而直接給你線索，我就是最糟糕的老師，應該被開除！所以我們不要再談論這些，繼續練習吧。」
>
> （Herrigel，1999）

在我的公司裡，有一項小型專案，這項專案只有一名開發者，而它需要有人審查他的程式碼。我花了些時間，很快就發現其中包含大量的資料庫命令及相關程式。他的程式設計方式如同赤腳穿越沙漠。他請我審查程式碼，而我告訴他有些軟體產品提供了更便利的方式與資料庫打交道，並且推薦了三種工具。一段時間後，他認為這是個好主意，並且選用了其中一種工具，移植了程式碼。他先問我，然後自己做決定。現在，他已經累積了一些關於軟體產品的專家知識，這些知識在今天的軟體程式設計中都是必不可少的。我常常向他徵詢建議。對於使用這種資料庫產品的決定，以及這類工具蘊含的迷人概念，在他心中生根發芽，是因為他很感興趣，並且有機會獨立研究這些東西。在說太少和說太多之間的達到平衡是至關重要的。

通常，軟體培訓師只不過是培訓師。他們不覺得自己對學生有責任，當然也不會建立任何性質的關係。培訓活動僅僅與投影片和計時付酬有關。有一些培訓師有不同的看法。學生可以感受到他們是認真的，有激情。培訓師樂意改變「法則」，這對學生是有意義的。我參加的最好的訓練課，通常是那些我一直在與培訓師保持密切聯繫的課。上「培訓師」的課是浪費時間，上「老師」的課是無價的。

老師負責指明學習路徑。在作為企業應用整合（EAI）開發者最初的日子裡，我做了大量的瑣碎工作。當我有問題時，我請老師協助說明。我的老師認真地向我講解我需要知道的一切事情，即使有時這些問題很可能讓他感到厭煩。他不是透過講座向我灌輸，而是耐心地等待，直到我掌握了所學的知識。甚至當我們遭受壓力的時候，他也耐心地等著我，直到我掌握了學到的知識，並成為他真正的幫手。兩年後，他離開了這項專案，而一位對他非常感激的年輕程式設計師則接替了他的角色。

作為老師，別忘了，你的「自我」在你和學生之間的關係中是沒有容身之處的。友善和耐心是成功教學的關鍵。

如果你覺得你的學生不太投入，你應該解除師生關係，僅僅成為同事。這種類型的關係是雙方面的。由自己的「自我」驅動的學生將永遠不會真的學習，你也無法幫助這樣的學生。避免在那些不願意學習的人身上浪費精力和時間，你可以把精力和時間花費在人生中更有趣的事物上。

當學生成為老師的老師時，完美的師生關係就產生了。

8.3　飢餓的鬼魂

公司座右銘一旦改成「晉升，或者出局」（up or out），員工就會開始激烈爭鬥，爭取獲得盡可能多的表現。如果某人停止表現，他的職業生涯也將告一段落。

處於這種環境中的專案往往充滿了指責。專案一旦出錯，責任人會竭力撇清關係。即使有人意識到問題所在，也會確保自己可以因此得到褒獎。總之，問題的責任人會試圖將責任歸咎於他人。

雖然這種方式在一定程度上奏效，但專案的重點已經不再是專案本身，而是變成了個人間的職業競爭。在這樣的環境下，團隊成員不再是隊友，而成為競爭對手。對手間很難互賀成功。好點子也會被認為很糟，即使點子本身並無瑕疵。

即使公司沒有這樣的座右銘，一個持這種想法的人混跡其中也可能會禍害整個專案。

崇尚「不升即走」的專案很容易引發沮喪和消極怠工。有一種說法認為，

「競爭」無論如何總是好事。事實上，上文所描述的競爭與良性競爭之間是有區別的。無端製造有害的工作氛圍會只會浪費金錢。太多的壓力和挫折感導致錯誤層出不窮。這會使人們放棄工作，而且很難再招到優秀的員工。

在我看來，前面章節中傳說的「餓鬼」是對那些只關注自己事業的人的完美描述。他們感到「飢餓」，因為他們以自己的職業生涯為食，而他們所謂的職業生涯只是一個在虛構環境中虛構的詞語，無法填補腹中的空虛。稱他們為「鬼」，因為他們似乎已經忘記了如何過健全人的生活，只執著於某個偏狹的面向。我偶然也需要擊敗自己體內的餓鬼。

有一次我被要求去監督一項次要專案。當時公司人手短缺，專案團隊是臨時拼湊而成的，就只看誰有空，而沒有根據技能去遴選。專案負責人也是以類似的方式任命的。老闆問誰想當專案負責人，然後第一個回應的人便得到了這個職位。麻煩就此開始。

客戶是一間大公司，而這位專案負責人熱衷於保持對一切事務的控制。他對所有任務的成果都不滿意，要求跟客戶的所有交流都必須透過他。每個任務都由他親自進行檢查。當有成員做某事未經他批准時，他便非常惱火。這顯然是一個星型團隊模式，而他就是那個中心。

當團隊壯大時，溝通變得更加困難。客戶的需求巨大且複雜，由單一人士來管理和審核要簡單得多。

一段時間後，專案負責人認為大多數成員不夠重視專案。他選了兩個可以訴苦、抱怨和值得信賴的人組建了一個子團隊。但壓力變得更大了，他變得悶悶不樂，充滿壓力。

團隊也不開心。客戶現在只看得到一名英雄式的開發者，團隊無法把事情做對，既得不到正面的意見，而且也無法直接和其他人交流，就像客戶那樣。

一段時間後，該專案負責人離開了公司。我相信，他一定是認為自己應該擁有一個更好的團隊，肯定以為在他離開後整個專案將崩潰。

但事實並非如此。團隊氣氛恢復了，專案也好轉起來。強烈的自負使得一個人相信自己離開後，地球將停止轉動。但這種情況從未發生。即使全人類都走了，這個地球依然繼續轉動。

然而究竟如何對付一個餓鬼呢？

這很困難。當沒有足夠的食物滿足他們的自我時，餓鬼會變得具有攻擊性。事實上我從未把任何餓鬼帶到這個世界，他們只是自我迷失了——除非他們能夠自省，而結局若不是獲得全面性的成功（例如成為富豪），就是變得精疲力竭、無以復加。

我嘗試過三種對付餓鬼的方法。

8.3.1　無視

我不是一名幼稚園老師，不為他人的行為負責。當擔任專案經理時，我負責塑造良好的工作氛圍。但是，只要我不是專案經理，就難以去教育其他人的行為舉止。作為大型團隊中的一員，我會無視一些餓鬼，並且藉由堅持自己的道德準則，試著打破這種惡性循環。當有人幫助我時，我只是簡單地說「謝謝你」。我也不會隱瞞它。在「餓鬼」們爬上他們想要的階梯，或是離開公司時，選擇無視可以幫助我保持好心情，並專注於專案本身。

無視餓鬼並不容易，他們經常會傷害你的感情。我儘量去接受這些事實，同時牢記，之所以有這些情緒，只是因為我的「自我」作怪罷了。

8.3.2　當面對質

只有當少數人是餓鬼，並且你有跟他們同樣的權威時，當面對質這種辦法才有效。在嘗試這種方式時，我無法說自己對結果感到愉快。這消耗了我很多精力，讓我感到一種無謂的疲憊。私人討論沒什麼效果，我不得不在團隊面前公開的處理這些事情。說實話，這種討論很艱難。雖然這阻止了餓鬼和其他成員之間的對抗升級，但我跟這些餓鬼之間的關係更加惡化了。

只有當沒有其他選擇時，我才建議當面對質。在激烈的討論中很難保持平衡、公正及不離題。

8.3.3　操縱

在大多數國家，操縱都是一個貶義詞。但我不認為它是多麼消極。其實，所有的討論都是某種類型的操縱。如果你希望讓別人理解你的觀點，你其實就是在操縱他的思維。當希望使某人相信你所相信的東西時，你更是在進行操縱。

操縱還可以是更加負面的行徑，例如從團隊中排除你不喜歡的人。但是它也可以是正面的，例如你可以試著操縱，使忙亂的局面恢復平靜。

曾經有個傢伙，在我們跟老闆開會時，總是想表現得比我強。無論我做什麼，他總會提出糾正或批評。但是在參加會議之前，他並沒有跟我說過這些話，只有在能夠引起老闆注意時，他才這麼做。他把我看作競爭對手，很想打敗我。這讓我感到厭煩，並且影響了我的工作效率，於是我決定讓他得到想要的讚賞。這很困難，因為我會很難受。但是，我開始多多徵求他對一些方案的意見。而他也常常選擇了我的想法。有一次我們開會時，我特別提到同事是如何幫助我

獲得客戶的滿意。這樣有兩個好處：他會瞭解我是如何做事的，因為我讓他有更多機會來瞭解我的想法；這也可以幫助他進步，讓他變得對公司更有價值。很快他就學會了很多，可以勝任我的職位——在另一項專案中。

在得到大家認可後，他變得更加放鬆。而且，他對我也變得好一點了，有時甚至能幫助我。我相信，他對我在他前進道路上的幫助會很高興，雖然他從未說出口。最終，他也得到了自己想要的角色。我們後來沒在一起共事，但依舊保持著良好的關係。

在寫作本書時，我是自由工作者，因此通常可避免與餓鬼共事。我拒絕了很多工作，因為認識到「無視」模式對我並沒有幫助。在這種有害的環境中工作，會消耗我大量的精力，讓我的生活變糟。此外，對專案來說，我認為這也是一個難以估量的風險因素。

8.4　無能

有位專案經理離開了公司，我不得不接管他的工作。在交接討論專案狀態時，他提醒我留意麥克。他說麥克經常會犯錯誤，工作遲緩，也不在乎自己提交的程式碼。這讓我很驚訝，因為我瞭解麥克。一直以來，他給我的印象是一個忠誠的好人。現在回過頭看，麥克似乎確實有些心情低落。

在獨自接手專案的第一天，我花了一點時間與每個團隊成員談話。我問他們是否對自己正在做的工作感到愉快。麥克說自己很愉快。然後我把前任專案經理的話說給他聽。麥克告訴我，他被要求擔任軟體發佈經理，但其實他一直希望做需求分析和管理。他喜歡撰寫程式碼，但是害怕 UNIX shell 腳本。擔任發佈經

理給麥克造成了巨大的困擾，因為他成了最後一個檢查軟體發佈版本的人。

我不認為麥克無能。他只是承擔了錯誤的工作。

後來我得知，另有其他人想當發佈經理，我就讓該同事接任了這個角色。當我負責分析需求時，便請麥克來幫忙。他變成了一個優秀的客戶溝通者，編寫了許多文件，有時還會開啟程式碼編輯器，幫助團隊實作一些新功能。他多才多藝，而且特別瞭解客戶，也瞭解我們的系統是如何運作的。他的 UNIX 技能已不再是問題。

麥克熱愛自己的新角色，很快便重新贏得了其他團隊成員的尊重。當規格不清晰時，大家會請他幫忙查看。

遇到一個真正無能的人是很難的。我不認為我見過一個這樣的人。相反的，我見到的只是很多人承擔了錯誤的工作或角色。專案配置了五名開發人員，卻只發佈出糟糕的產品，這是很容易發生的。我們需要「正確的人」來承擔工作。你也許可以嘗試切換角色，但也許根本沒有正確的人。軟體開發千頭萬緒，沒有人能夠做所有的事情。誤解這一點將導致大量的麻煩。很多招聘者以為能讓任何一位開發者承擔任何角色，如果是這樣，事情就太容易了。

電腦程式設計不僅僅是撰寫程式碼。它還是與客戶的溝通，是將技術術語轉化為通俗語言的過程，需要編制預算並進行評估。此外，對於複雜的軟體系統，還要進行規劃。很少有人擅長所有這些技能。我們在名片上總是想要強調自己的能力（職稱）卻適得其反。某人是個「高級顧問」或「初級網頁開發者」，究竟意味著什麼？基本上這很有可能表示「高級顧問」不如「初級網頁開發者」那樣擅長 HTML5。然而，即使一名「高級顧問」無法設計出漂亮的 HTML 文件，也不表示他就是一個無能者。

今天，當要為專案配置成員時，我都會去反問自己：候選人適合這項專案

嗎？這是他想要的角色嗎？

　　通常，我們不能擲骰子去決定，也不能隨意切換某人的角色。必須接受事實，並繼續前行。時間流轉，情況會變好。要隨時保持尊重的語氣和友善的態度，即使在艱難時刻。

　　只有危及專案之時，才是採取某些行動的時刻。開誠布公的談話可能會所有幫助。如果無濟於事，那麼就需採取進一步措施。但是注意，這可能會招致失望與消極情緒——但總比讓專案失敗要好。

第 9 章
Chapter 9

專案之禪

專案如同一艘大船，將很多乘客載送至成功的目的地。途中，乘客將會看到眾多奇妙景觀，比如日出、暴風雨，但亦可能遭遇那未知的海底生物。船上的乘客對航行有很大的影響。如果每個人都走到左舷，船自會向左傾斜。大家同時起跳，船便要搖擺。有時候，所有人都在奮臂揮槳，船在水中急速前行。有時候，又無人願意掌舵，大家都想當發號施令的船長，那麼船隻便漫無目的地隨處漂流。

當船體受損時，船員開始感到沮喪，航行變成鐵達尼號式的經歷。儘管專案經理仍然在聲稱問題可以得到解決，但開發人員可能已經爬上救生艇了。

一項專案的成功取決於所有參與的人。經理、測試人員、需求分析人員和程式設計師——這些都是船員——有義務全力以赴，保持航向。另有些人也很重要，儘管他們並不在船上，他們就是客戶。客戶在陸地上發送訊息指引船員到該去的地方。要想成功，必須大家努力並盡力遵從客戶的建議，安全地通過危險暗礁。

9.1　孫子與孫子兵法

孫子是生活在公元前 500 年的中國哲學家和將軍。他寫了一部《孫子兵法》（Sun Tsu，1988）。這部著作並不關於禪學，它是一本軍事典籍。孫子死於公元前 496 年，而大約在公元 480 年達摩才將禪學傳到中國。因此，孫子更可能受到孔子而非佛教的強烈影響。

孫子的一些訓示使我想起澤庵大師的訓誡，澤庵大師致力於將劍道融入禪中，並傳授給學生。孫子的訓示與禪宗哲學沒有任何關係，但非常有價值，它教導我們要保持清醒冷靜的頭腦。

我之所以要提及這部著作，是因為書中介紹了一個好故事[①]。

> 戰國時期，魏國將軍吳起是西河守將，他與最下層的士卒穿著同樣的衣服，吃著同樣的飯菜。他坐時不使用軟墊，行軍時不乘車騎馬，親自攜帶自己的軍需物資，替士卒分擔勞苦。有個士卒的手臂傷口化膿了，吳起親自幫他吸出膿液。士卒的母親聽到這個消息時不禁悲號。有人問她，「你的兒子只是個士卒，將軍卻親自幫他吸膿，為何要悲傷呢？」婦人回答：「去年我的丈夫傷口化膿，吳將軍也為他吸膿，我的丈夫因此在作戰中勇往直前，毫不退縮，最後戰死沙場。現在吳將軍又這樣對待我的兒子，我不知他又會戰死在什麼地方，這就是我為兒子感到哀痛的原因。」

優秀的領導應該照顧好自己的團隊，包括其中每一位成員。如果你希望團

---

① 譯者注，這裡作者將這個故事的出處搞錯了。該故事出自《史記·孫子吳起列傳》，而非《孫子兵法》。

隊成員傾心付出，你首先應該成為他們的堅實擋箭牌，保護他們免受客戶的刁難，替他們解決公司內部問題等等。

優秀的領導會將加班要求轉變為好事情，比如將加班變成有供應披薩且充滿歡樂的團隊聚餐。

9.2　毀滅之路

在《孫子兵法》中，作者談到將軍可能會犯下的六種錯誤，這些錯誤將為軍隊招致大災難。在團隊中也是一樣。有時團隊領導不夠用心，而是出於憤怒行事。他們可能喋喋不休，並做出錯誤決策。

當將軍不理智地訓斥下級時，他的怒氣會在軍中向下蔓延。人們在盛怒時往往會輕舉妄動，做出錯事。可能 Bug 修補程式沒有經過測試就發佈了，或者導致當機。最終，你可能會把怒氣帶回家。孫子把這種行為稱為毀滅。

一天，經理告訴團隊：「該來的躲不掉。」他這是在用自己的方式告訴我們，必須加班了，而且他不管什麼情況發生，必須加班。在這之前，老闆可能告訴他，要給軟體加入一些新功能，現在他不過是在傳遞這個需求罷了。這是一個走向毀滅的完美例子。

就像《孫子兵法》中受傷士卒的故事，團隊領導對成員有很大的影響力。雖然每個人對其他人都會產生影響，但無疑領導的影響更大。「憤怒」在組織層級中自然會找到自己的散播路徑，如下圖所示。

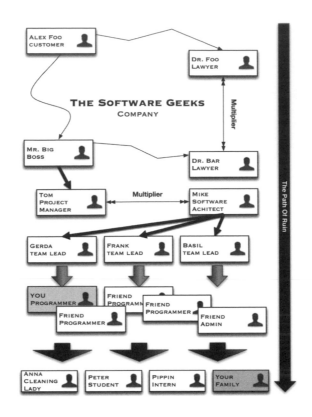

毀滅之路

可以看見，「家庭」處在最下面，和清潔女工、實習生處於相同層次。這個層次的群體間有一個共同點：通常她們都不能抵禦來自上層的問題。

孩子們很容易就會喧鬧起來。經過漫長艱苦的一天工作後，這很容易讓人情緒崩潰，甚至遷怒於孩子。要是發生這種情況，說明這項工作已經導致一些不好的事情。如果你不能釋放自己的心靈，那麼你的家庭將不得不承受它。

要謹慎地破壞掉「毀滅路徑」。當散播到你時，流程必須終止。不要因為自己承受了不公正的對待，就對著實習生叫嚷。也不要因為在寫計畫時（雖然這份計畫可以讓你超越同事），被渴望你關注的家人分神了，就對著他們

咆哮。

在禪宗中，我們總是試著謹慎行事，保持覺察。只有這樣，才能阻止憤怒向整個路徑散播。當憤怒傳到自己身上時，及時終止「怒波」繼續傳遞，是我們能夠對家人及周邊之人所能做的最好的事情。要審視究竟發生了什麼，而不是繼續散播憤怒，然後採取正確的行動。有時，我們要做的只是坦然接受。

9.3　天不會塌下來

船沉沒了，似乎一切盡失，但請記住一點：你還活著。你應該還可以買得起食物，養家糊口。作為一名程式設計師，即使專案徹底失敗了，機會也還是不少。也許你需要變賣一些東西，但最可能的是需要找一份新工作，至少在德國是這樣。有趣的是，我知道德國很多人特別害怕失去工作。

當我寫作這本書時，世界上很多國家正在經濟危機中苦苦掙扎。在希臘，27%的人需要一份工作，而在德國，失業率只有 5%。拿我來說，我獲得了很多專案合約。政府在基礎設施方面進行了大量的投資。直到現在，我還沒有看到任何關於德國將面臨災難的真正跡象。但很多人只看到希臘的糟糕局面，就害怕失去自己的金錢。有時聽他們說話似乎德國明天就完蛋了。

為什麼是我們德國人在抱怨？

如果你還年輕，希望有個光明的未來，那麼目前希臘不是一個好的工作地方。來自西班牙的朋友也告訴我令人擔憂的消息，在那裡，很多有才華且忠誠可靠的人找不到工作。住在那裡肯定讓人感到沮喪。因此，那裡的人們怨聲載道不難理解。但是，德國人也抱怨就很難讓人理解了。我們身處舒適的處境，

卻抱有錯誤的觀點。

> 如果你沒有金錢，你就有麻煩了，但好消息是，有比金錢更重要的東西。
> 如果你沒有性欲，身體肯定出了問題，但好消息是，有比性欲更重要的事情。
>
> ——澤木興道（Sawaki，2007）

內山興正解釋了這段話的含義：如果有人相信金錢可以解決任何問題，他就會特別依賴金錢（Sawaki，2007）。他寫道，這樣的人認為，如果有足夠的金錢，他可以結束越戰。只要給所有參與方足夠的金錢，他們終將停戰。當朋友遇到財務危機時，給錢就能幫助他。當歲月無情時，有錢也可以成為優雅的老男人。而如果他失去了所有的金錢，一切都不再可能。

在同一本書中，澤木興道還教誨道，人們製造了太多關於賺錢的噪音。人們總在說，要忙著賺取麵包錢。但是，小雞也日日為食物奔忙，最終只成為了人類的食物。在當今世界金錢是一個重要的工具，但僅僅是一個工具而已。它不應成為我們的依賴。

在僧人世界裡，金錢沒有位置，這一點讓我印象深刻。我也嘗試過「錢財乃身外之物」的生活。坦白地說，我失敗了。當我某個月沒賺到錢時，我就非常焦慮。我依賴金錢，甚至依賴於一個銀行帳戶。

在我所居住的這個國家，想餓死並不容易。如果你願意換個地方，幾乎肯定可以找到一份工作。也許收入不高，但畢竟有份工作。

要是實在找不到工作，身無分文了，還可以乞討。

在西方社會，乞討是無家可歸者的維生之道。但在佛教中沒有財物概念，乞討則是修行的一部分。如果你放棄自己擁有的一切，就只能脫離對金錢的依

賴而生活。僧人們每天都在修行，為了放棄這種依賴性。像澤木興道或內山興正這樣的禪師一輩子不擁有任何財物。他們從來沒有假期，從沒去過夏威夷度假；沒有自己的電視機，也不認為需要每兩年更換一台新筆記型電腦。

相反地，他們打坐，傳授打坐之法，並且化緣。

在我年輕的時候，父親常說：「如果在學校裡不好好學習，你就會淪為一名乞丐。」在他看來，這是最糟糕的事了。但其實不然。最糟糕的事是挨餓乃至餓死，或者沒有安全的地方睡覺。在這個世界上有很多人的確缺乏安全的居所和食物，甚至乞討都無濟於事。只要你不是處於這種情況，就可以斷言，不管發生了什麼事，都不會真的那麼糟糕。

當專案變糟時，請想起這些話。沒什麼能夠永遠一帆風順。人不需要奢侈品才能過上好的生活。美好生活也並不依賴於高薪、好職業，或者優渥地位。

專案失敗了，如果已經全力以赴，就沒有理由忐忑不安。

9.4 請笑對絕望

哈哈大笑！

笑幾乎可以打破任何枷鎖。在激烈的討論中，人們越來越趨於堅信自己的信條、自我和知識，突然每個人都成了專家。工作一旦遭到批評，人們就很容易變得情緒化。一百年後的後輩也許會嘲笑我們，因為我們的程式設計環境太簡單了，而業務問題又是如此微不足道。其實我們更應該經常嘲笑自己，竟然

為了大量無意義的東西徒耗精力。

不要太把自己當回事。你不過是在某間公司打某份工的某個傢伙而已。想要減少工作壓力，微笑絕對有用。如果情況很糟，不妨看到光明的一面，哈哈一笑。讓你的微笑也感染他人。

在工作中，我已經遇到好幾次讓人絕望的情形了。一些程式碼本該可以運作的——但它就是不能！我們搜查了好幾個小時，幾乎要放棄。突然，我和同事開始大笑。我的意思是，兩名程式設計專家，一個非常簡單的使用案例——只是要將數據從 A 複製到 B 的位置。這些都是經過驗證的程式碼，因此肯定跟最近的一次修改有關，問題應該存在於我們動過的四行程式碼之中。但是我們就是無法找到它！空耗了幾個小時後，我們只能大笑，因為這太荒謬了。

老實說，我們笑得有點歇斯底里。這是在大清早。也就是說，在這個問題上幾乎花費了我們一天一夜。在消耗了那麼長的時間後，我想我們完全有理由感到絕望。我們為自己的愚蠢開玩笑，認為自己應該流放到澳洲牧羊才對。

笑聲打破了靈感的藩籬。突然，我們發現了錯誤。這個問題太簡單了，即使是程式設計的初學者都能修復。但我們是專家。這可能就是我們耗費那麼長時間的原因了。

有一天，我正在面試一位有所抱負的開發者，問他對各種技術方面的問題。他很害羞，很明顯，與我們真正談論的問題相比，他更擔心留下的整體印象。他試圖表現得像我一樣。此外，他坐得很直，很擔心自己說錯話。在意識到這一點後，我開始注意自己的言行。曾在某一天，我有一個糟糕的開始。我醒得太晚，沒來得及寄出一封重要的信件，而且幾乎錯過了一個重要的約會。這種事情平時並不會發生在我身上。我的胃有點痛，通常睡眠品質很差。所以，現在的我看起來必然像個嚴肅也許有些冷酷的工作狂。妻子總是提醒我，我低沉

的聲音可能會嚇到別人。意識到這一點後，我決定做一個實驗。我向後仰坐，擺出一個敞開的姿勢，就像我曾經在一本肢體語言書上看到的那樣。我瞥了一眼窗外，天氣晴朗，溫暖宜人。在我的面前，擺著一杯美味的咖啡，而且我發現我能夠在午餐時間去郵局，並不需要匆匆忙忙。想到這裡，我不禁笑了。我還想起曾經有一天我跟眼前的這個傢伙處在相同的處境。於是我問他是否喜歡鍛煉身體，因為他看起來像個運動員。這個意想不到的話題轉變起初讓他感到迷惑，但後來談到了他最喜愛的運動，使他感覺好多了。整個氣氛變得舒適起來，我們聊得很愉快。我發現他是一位有才華的人，於是給了他想要的工作。

失敗是一種選項，而且經常會發生。

重要的是我們如何面對失敗。可以絕望，也可以從失敗中吸取教訓。讓我們微笑面對失敗，並爭取下一次做得更好。

有人可能要說，「失敗不是一個選項。」但這樣說並不能阻止失敗，甚至毫無激勵作用。

我們不能排除失敗和錯誤的可能性。軟體瑕疵和錯誤的決策總是會存在。如果我們失敗了，就是失敗了。如果我們成功，就是成功了。盡你所能，做到最好，然後繼續前行，心無掛礙。即使失敗了，鳥依舊歌唱，花依然美麗。程式設計師並非只是生活在專案中，除了身為程式設計師，我們還是一個活生生的「人」。專案不過是人生中的一個插曲。

微笑或許會是解決問題的最佳途徑。

第10章

程式設計師的十條禪修法則

在一個飄雨的清晨，我坐在書桌前，思考如何進行高效率工作的問題。在成為自由工作者之前，我一度拼命工作而結果卻令人悶鬱。自 2006 年起，我開始參禪。過了許久，我終於明白，千百年前的禪師就已知道今天的程式設計師該如何工作。從那時起——儘管我並不喜歡「如何成為一名更好的程式設計師」之類的文章，我便希望能夠總結一下個人參禪心得。它可以讓我保持清醒。如果你對這篇文章有什麼看法，歡迎置評。

10.1 專注

禪修程式設計師一旦開始工作，就應該全力以赴，做到最好。請不要同時展開多項工作。一次僅做一事就好。一心多用不會讓效率更高，只會使你應接不暇。超負荷工作會讓人疲憊不堪、容易出錯，而且在不同的工作之間頻繁切換也會浪費時間。這是條通用的建議，不僅僅適用於程式設計工作。

澤木興道禪師教誨：若需睡覺，儘管睡。當決定休息的時候，不要再去想

軟體的事，儘管睡覺。要是打算開始寫程式，就儘管去寫，不要再做白日夢，專注它。一旦你疲倦不堪而無法撰寫程式，你就需要睡覺了。即使是以一心多用出名的 Stephan Uhrenbacher，也會決定進行單執行緒式的工作。我有和 Setphan 類似的體會，於是自己寫了一個時間追蹤工具——Time & Bill。我的目標是方便地追蹤時間消耗，包括像打電話這樣的小事。現在，每日伊始我會建立幾個碼錶，滑鼠一點就可以追蹤時間的使用。起初慘不忍睹，有時我在一項工作上只花了幾分鐘就轉到另一項工作上。現在我做得好多了。與番茄工作法類似，我計劃了幾個時段，努力保持專注，其間不閒聊，不睡覺，不去查看 AppStore 上好玩的新遊戲。

10.2 心無雜念

在動手寫程式之前，你需要清空頭腦，摒棄一切雜念。如果你有什麼麻煩事，不要讓它影響你。在大多數情況下，煩惱會自行消失。如果雜念太多，無法驅除，就暫且不要工作，試著清除它們。而你一旦開始工作，請暫且忘記身外的世界。

郵件列表中有令人興奮的內容？別管它，你可以晚些時候再興奮。關掉所有會佔據你思緒的垃圾程式：推特、臉書和 Email。你甚至應該將手機設為靜音並放進口袋裡。或許你會說這條規則類似於第 1 條「專注」，然而這條中還應有一項限制：在工作前或午餐時不要使用這些工具。這些東西會把你連結到花花世界，帶來新的煩惱或分散注意力。

設想一下，當清晨醒來時，通常你的頭腦會很清醒。如果不然，可以做些

運動（我喜歡長跑）。等你感到神清氣爽了，便開始認真地展開工作。在工作結束後，你才可以去想那些亂七八糟的東西。當歷經繁忙而充實的一個工作日後，你會發現原來那些東西其實並非多麼有趣。推特、臉書之類會消耗我們大量的精力，別以為只不過是一下子而已，絕非如此。

你懂的！

10.3 初學者心態（虛懷若谷）

別忘了自己還是初學者的那些日子。或者如果你目前就是個初學者，請堅守這份新人情懷。你所學到的遠遠不夠。如果你已經是個專家了，不妨每天也把自己當成初學者。永遠試著以初學者的心態來對待技術問題，這樣你就能更容易去接受那些讓軟體更好的修改。即使那些經歷不如你的人也可能會提出一些好主意。有哪一個軟體的兩次建構方法會完全相同呢？即使你去複製（仿製）軟體，建構過程也不會完全相同。

10.4 無我

有一些程式設計師存在的一個大問題是：過於自我。但其實，我們沒有時間過於自我，沒有時間成為一位搖滾巨星。

誰能決定你的程式設計水平呢？你自己？不是。別人？可能吧。你可以拿蘋果跟香蕉比嗎？不能。你是個個體。你無法將整個自己與他人去比較，只能

說某些方面的比較。

有個技能有什麼可自豪的？你擅長 Java？酷，別人是不如你，但他擅長打保齡球，你行嗎？Java 比保齡球更重要嗎？恐怕要視具體情況而定。你可能因為 Java 賺得多一些，但別人可能從生活中獲得了更多的樂趣，因為他有一群保齡球友。

你真的對自己是個極客感到自豪嗎？過於自我的程式設計師容易故步自封。請保持謙虛，向他人學習，不管他是個老手，還是菜鳥。

澤木興道禪師教誨：「你並不重要。」

自己想想。

10.5　不要設定職業目標

如果你總是想得到些什麼以致於忽略了當下的生活，你已經輸了。對於工作，全力以赴即可，別去管將來很長一段時間後才可能達成的目標。

難道拼命工作 20 年，就是為了成為公司股東？為什麼不能因為樂趣而勤奮工作呢？如果真心喜歡，即使辛苦也會樂在其中。「一日不作，一日不食」，禪宗如是說。

沒有必要等到 20 年後再去尋找快樂。即使不是公司股東，即使沒有保時捷跑車，現在的你也能擁有快樂。天有不測風雲，你可能突然大病一場，可能被解雇，也可能會面臨油盡燈枯（如果你遵循了所有這些忠告，我猜這種可能性會大大降低）。

除非這些不好的事情發生，否則只管盡力去工作，並樂在其中。沒有理由去和同事比較收入，也沒有理由對未得到的高薪職位耿耿於懷。

畢竟，所得終將會來。你將收穫美好的回憶，或許還有個好職位——以及那精彩的 20 年。每一天都是美好的。

如果某天你認為在公司工作已毫無樂趣可言，請果斷離開。千萬不要待在奪走你生活之樂的公司。當然，這要在發達國家才現實，因為這裡的人完全可以自由跳槽。如果你正生活在這樣的優越環境中，果斷下決心吧。儘管離開，無怨無悔。時間不可輕易浪費——人生無常，或許明天它就會消逝。

如果你沒有設定職業目標，轉身離開將會容易很多。

10.6　敏事慎言

如果沒有什麼要說的，就不要去浪費同事的時間。這樣做並不會讓你顯得懦弱無能。在每天的工作中，儘量不要去無端惹人心煩。試想一下，要是每個人都試著做到這點 那將是一個多麼好的工作環境啊？雖然有時這是不可能的，但請努力做到，你會喜歡的。

如果你不過於自我，就很容易做到謹言，只關注當說之事。不要把你的「個人經驗」變成了「自負」。永遠記住：你是一位初學者。如果他人有好主意，請保持隨喜心。

10.7 正念、觀照、覺察

是的，你正在工作。但與此同時，你也在呼吸，在生活。即使工作再忙再累，也要傾聽身體發出的信號。你要知道哪些東西對你是有好處的，所有的，包括像食物等生活必需品。要關心自己及周圍環境中一切，畢竟，你所喝之水就來自於周邊這條河流。記住，你是為自己而生的——生是一個人，死也是一個人。即使沒有你，地球依舊轉動。

請避免在你不喜歡的那種環境下工作。如果某類無償工作已經讓你毫無樂趣可言，而且又剝奪了你的睡眠時間，那就拒絕它。放下所有那些讓你不快樂的事情。你以為無償工作只停留在理想中嗎？想一想那些在空閒時間撰寫開放原始碼軟體的人。要是你曾訂閱過某項開放原始碼專案的郵件列表，你就會知道那裡有多少激烈爭論（至少有時如此）。如果你覺得它沒有什麼樂趣，就不要再做了。我認識不少人，他們在自己不喜歡的開放原始碼環境中依舊貢獻著。利用 Time & Bill 軟體，我再次追蹤了自己在開放原始碼專案上花的時間，結果真是令人驚訝。我在那裡浪費了大量的時間，尤其是在許多自己不太喜歡的專案上。

鑒於此，有些人認為只有當有空閒時間，晚上有 Xbox 玩、有啤酒喝才會快樂。偶爾為之這尚且算是個好主意，但未必在人生的每時每刻這都算是「樂趣」。如果你能避免不喜歡的環境，請避開它們。話說回來，有時我們確實需要做一些無趣的事。例如，手工將經理給的 Excel 試算表資料複製/貼上到 phpMyAdmin 中。這可能要花上幾天，而且無聊至極。這種事沒有樂趣可言，但有時你確實需要去做。你總不能因為被分配到一個乏味的任務就辭職。禪僧

也不羞於他們的工作。他們凌晨 3 點起床（有時早一些，有時晚一些，取決於僧院），然後即開始靜坐和勞動（他們甚至將勞動當作禪修的一部分）。或者清掃廁所，或者料理菜園。如果是一名火頭僧，還要做飯。無論做什麼，他們都一心一意。沒有痛苦，樂在其中。對他們而言，每一秒都是人生中寶貴的一刻，逝去即永不再回，即便是在掃廁所時。

換言之：停止抱怨，如果你需要複製/貼上 Excel，做就是了。無須為這樣的事情心神不寧，一切都會過去，就讓自己成為最好的 Excel 複製/貼上者吧。

要是你在工作中心臟病發作，有人也許會說：「是的，他真是一位勤勞的員工，甚至在晚上為我免費加班」。沒有人可以指引你去另一個世界，最後一步是由我們自己走的。你無法拿這個世界中的任何東西與另一個世界進行交換。在生活中的每一秒你都要多多保重。如果你死了，人也就沒了，一切成空。但如果你還活著，你就是活生生的一個人。沒有時間可以浪費。

在禪宗中，「觀照」是一個重要的詞彙，並且我認為在各種佛教宗派中都是如此。我無法用言語來表達這個詞彙所要表達的一切內容。要理解「觀照」的所有含義是很難的。也許用「覺察」這個詞彙更好把握一些。每時每刻，你都要覺察自己的所作所為。在你的一生中必須保持正念，否則就是在浪費時間。當然，究竟該怎麼做，完全取決於你自己。勉力為之。

10.8　做自己的老闆

是的，某人付你薪水，告訴你需要做什麼。而且他還可以解雇你。但這都不是你放棄自己的生活，成為工作狂的理由。總之，老闆對你沒有控制權。你

甚至也可以懷疑你對自己有無控制權——打住，不要走火入魔。

　　回到老闆的部份。如果你一味縱容的話，老闆可以讓你的生活變得很糟糕。但是有一個解決辦法。如果他要你做一些惡劣或有違個人道德底線的事情，你大可說「不」。這會有什麼後果？最壞的結果無非是被他開除。那又如何？如果你生在發達國家，如果你是一名程式設計師（既然你正在閱讀本書，那麼你應該十之八九就是一名程式設計師），你會找到另一份工作。

　　我並非說對將 CSV 資料轉換為 HTML 格式之類的任務說「不」。我指的是，一週工作 80 小時，導致你精神崩潰；你的孩子需要你的照料時；或者僅僅因為老闆不喜歡誰就要你開除他；又或者身為一名顧問，卻受雇為核電廠或坦克開發軟體（有些人可能會說為核電企業工作好極了，但這違背了我的道德底線，這裡只是舉例而已），等等這些，你大可以說「不」。

10.9　玩物養志

　　程式設計師不止是一名程式設計師。你應該嘗試一些跟電腦無關的事情。在你的閒餘時間，可以揚帆出海，去釣魚或潛水，或者靜坐冥想，練練武術，吹吹尺八。不管你做什麼，都要盡情盡意，就像在工作時間那般投入。認真去做。愛好不僅僅是愛好，它也展示了你究竟是怎樣的一個人。不要被任何說愛好不重要的人矇騙。現在我們有能力擁有愛好。我已經錄製多張 CD，還寫了幾部不錯的著作（尚未出版，我還得多加練習）。這些事情塑造了今天的我，並最終使我參禪，寫成本書。近來我時常練習禪宗尺八，它在我日常生活中佔據重要的地位。

10.10　淡泊寧靜

花朵再美也不過是一朵花而已，並無特別之處。而你，是一名程式設計師，或許很優秀，但那也沒什麼特別的。你、我以及生活在這個星球上的其他人，都沒什麼兩樣。

你需要吃喝拉撒。當然，你還需要睡覺。很久以後你終究難免一死，你擁有的一切全都會失去。很久以後，甚至金字塔都會消失。你知道建造金字塔那些人的名字嗎？好吧，就算你知道，但這很重要嗎？一點都不。金字塔佇立在那裡，或者不佇立在那裡，這都不重要。

這同樣適用於你的軟體。銀行用你開發的軟體賺錢，當你離開後，沒有人會再記得你。這本來也沒什麼錯，只不過時間流逝，逝者如斯矣。不應該對此感到煩惱。如果你遵循了上面的 9 條規則，就會明白：那個優秀、有趣的專案已經過去了。現在，是時候繼續前行專注他事了。

公司因為財務問題關閉了，沒什麼大不了的，生活仍將繼續。Xbox、汽車等並非不可或缺。這個星球上的大多數人還很貧困，他們不在乎 Xbox，得到食物甚至只是飲水都會讓他們快樂不已。

那麼，為什麼你是特別的？因為你命好出生在一個發達國家？因為你可以撰寫程式碼？不，沒有什麼特別之處。請放棄「我執」，自由自在地生活，享受花朵的美麗與馨香。當冬天來臨時，不必傷心難過；等春天回歸，亦不必欣喜若狂。不過乃四季交替，順其自然就好。請記住這一點，尤其在有人拒絕你的求職申請時。沒有哪家公司是如此特別，值得你非要得到它的青睞。

後　　記

　　你現在閱讀的是一本為程式設計師介紹禪的書。問題是，你為何要讀。當一個人正在閱讀一本關於禪的書，那他一定是在尋找某些東西。

　　禪在開發者社群是一個時髦的術語，它往往被用來作為「至簡」、「高效」或「生產力」的同義詞。但是，本書的意圖不是讓你更辛苦地去工作。本書旨在為你提供一些如何生活得更好的啟示。當然，這些啟示也會反映在工作上，對我而言就是如此。

　　當我開始禪修時，我希望能找到一些神奇的秘方，可以幫我承受住壓力。但壞消息來了，根本沒有什麼神奇的秘方，禪沒有解決我的問題。好消息是，禪使我知道，我自己便是唯一可以解決問題的人。

　　我的問題就在於內心。我必須把它清掃乾淨，不讓它沾染塵埃。用電腦術語表達就是，我需要重啟作業系統了。我認為自己的問題是個體性質的，與他人沒有可比性。你的解決方案可能包括尋求治療師、自助書籍、專家，甚至只是幾杯啤酒入肚。但在我禪修一段時間後，我的問題逐步得到了解決，而且認識到只有自己才能解決自己的問題。我既不能改變公司，也不能改變專案，是我自身需要改變。同樣的道理，這本書也無法解決你的問題。

　　歸根結柢，沒有任何書籍、任何專家、任何朋友可以改變你的生活。你自己對此負責。

> 沒有通往和平的道路，和平即是道路。
>
> ——聖雄甘地

我們的感覺就是我們的現實。如果你感覺什麼是錯的，那它通常就是錯的。令人疲倦的工作日喧囂，讓我聽不到來自心靈深處的警告。為了能夠傾聽，我需要禪修。禪並沒有為我做決定，它只是讓我傾聽。

人們很容易忘記自己必死的命運。在我年輕時，有位朋友問我：「你能接受現在就死去嗎？」答案當然是：「我不能。」我還有夢想，有抱負。要是當時一輛卡車撞了我，你不會看到我瞑目。作為年輕人，我活力無限。於是，我拼命工作，卻忘了真正的生活。我活在了自己內心建構的監獄中，太把它當回事。

直到現在，有時我還會忘記真正的生活。當我認為公司成功比自己的呼吸和健康更重要時，我就進行更多的冥想修習。除了冥想，我還使用本書中提到的其他方法。不需要一次用上所有的方法，視具體情況而定。隨著時間的推移，你也會形成自己的方法。

我認識一位女性，她憑藉馬來掌控自己的生活。當感到失落時，她就開車到附近的農場，照料她的馬。我不是說騎馬運動，而是指馬和這名女性之間的這種情感關係，這種關係給了她必要的距離。當你仔細審視這種關係時，你會在禪修冥想中找到類似的元素。在禪修中，既有靜坐冥想，也有茶道和園藝冥想。那麼，為何不能有馬冥想？

我並不是說你一定要有個休閒愛好。你要做的，是明白人生的真諦，尋找「你自己的人生之路」。

像澤木興道這樣的大師一直強調坐禪在其整個人生中的價值。我現在也非常清楚，如果沒有寂靜和專注，我們會被淹沒在喧囂的塵世中。我吹尺八進行

禪修，你呢？

　　從點點滴滴做起，每天只需十分鐘。找一把椅子坐下來，只要沒有人能打擾你，選擇一個讓自己舒服的地方。只是靜坐在那裡，什麼也不做。沒有郵件。沒有電話。當有什麼想法來臨時，忽略它。不要認為此時適合思考工作計劃。一開始你可能很難做到這一點，但經常練習，你就會做得更好。

　　我每天早晨五點醒來。在煮咖啡的過程中，偷閒呼吸一下清晨的空氣，享受自己的存在。這就是我自己的十分鐘。

　　十分鐘也許只能改變一陣子，但如果你真的想改變生活，你應該從這十分鐘做起。如果能夠做到這一點，你將會發現「你自己的人生之路」。

　　謝謝閱讀，祝好運。

參 考 文 獻

[1] Red Pine (Eds). (1987). The Zen Teaching of Bodhidharma. New York: North Point Press, 1989.

[2] Kôdô Sawaki. (2005). An Dich. Frankfurt: Angkor Verlag.

[3] Kôdô Sawaki. (2005). Zen ist die größte Lüge aller Zeiten. Frankfurt: Angkor Verlag.

[4] Kôdô Sawaki. (2008). Tag für Tag ein guter Tag. Frankfurt: Angkor Verlag. ISBN: 978-3-936018-57-8

[5] Kôdô Sawaki, Kosho Ushiyama. (2007). Die Zen-Lehre des Landstreichers Kôdô. Frankfurt: Angkor Verlag.

[6] Dhammasaavaka. (2005). The Buddhism Primer: An Introduction to Buddhism. Boston: Lulu.com. ISBN: 1-4116-6334-9

[7] Jiho Sargent. (2001). Asking About Zen: 108 Answers. Boston: Weatherhill. ISBN: 0-7567-8888-9

[8] Siddharta Gautama Buddha. Editorial Committee, Burma Tipitaka Association Rangoon (Eds.). (1986). The Dhammapada: Verses and Stories. Retrieved April 2, 2013, from: http://goo.gl/wIDPKI

[9] Immanuel Kant. Grundlegung zur Metaphysik der Sitten. (2004). Göttingen: Vandenhoeck and Ruprecht. ISBN: 3-525-30602-4

[10] A. B. Mitford. (2005). Tales of Old Japan: Folklore, Fairy Tales, Ghost Stories and Legends of the Samurai. Dover Pubn Inc. ISBN: 978-0486440620

[11] Matthias Burisch. (2006). Das Burnout-Syndrom, 3. Auflage. Heidelberg: Springer Medizin Verlag. ISBN: 3-540-23718-6

[12] Frank Gebert. (2010). Wenn Arbeit krank macht. FOCUS Magazin 10.2010. Retrieved April 6, 2013, from: http://goo.gl/WfgAM9

[13] M. Kläsgen. (2010). Selbstmord in Serie. Retrieved April 6, 2013, from: http://goo.gl/ePYrb3

[14] BBC News Europe. (2012). Ex-France Telecom chief Lombard probed over suicided. Retreived August 23, 2012, from: http://goo.gl/DoMKAO

[15] DAK-Gesundheitsreport Hamburg. (2010). Retrieved April 6, 2013, from: http://goo.gl/WDn0yl

[16] Andrea Lohmann-Haislah: Stressreport Deutschland 2012. Psychische Anforderungen, Ressourcen und Befinden. 1. Auflage. Dortmund: Bundesanstalt für Arbeitsschutz und Arbeitsmedizin 2012; ISBN: 978-3-88261-725-2

[17] Shunryu Suzuki: Zen Mind, Beginners』s Mind. 2011. Shambhala; ISBN: 978-1-59030-849-3

[18] LAM TE NGU LUC: The Sayings of Zen Master Linji Yixuan. Retrieved 15.04.2013 from: http://goo.gl/x01t6P

[19] Lafcadio Hearn: Kwaidan. Stories and Studies of Strange Things. Boston: Houghton, Mifflin and Co. 1904. Retrieved 23.07.2013 from: http://goo.gl/OtaE9a

[20] Brad Isaac: Jerry Seinfeld』s Productivity Secret. Lifehacker. Retrieved July 02,

2013, from: http://goo.gl/CK9sNE

[21] Gerald M. Weinberg: The Psychology of Computer Programming. Van Nostrand Reinhold Company. 1972. ISBN: 978-0-44229-264-5

[22] Eugen Herrigel: Zen and the Art of Archery. 1999. Vintage Books. ISBN: 0-3757-0509-0

[23] Dōgen: Shobogenzo Zuimonki. Kristkeitz; Auflage: 4., durchgesehene und überarbeitete Auflage. 1997. ISBN: 3-9323-3768-9

[24] Sun Tsu: The Art Of War: Complete Text and Commentaries. 1988. Boston: Shambhala Publications, Inc. ISBN: 978-1-59030-054-1

[25] Forsyth, D. R.: Group Dynamics. 5th ed. 2009. Pacific Grove, CA: Brooks/Cole.

[26] Watazumi Roshi: The Way of Watzumi. Retrieved November 25, 2012, from: http://goo.gl/c96gkl

[27] Friedrich Nietzsche: Jenseits von Gut und Böse. 1886.

[28] Dōgen, Kosho Uchiyama Roshi: Zen für Küche und Garten. 2007. Frankfurt: Angkor Verlag

[29] Charles W. Eliot: The Sayings of Confucius. Vol. XLIV, Part 1. The Harvard Classics. New York: P.F. Collier & Son, 1909–14; Bartleby.com, 2001. www.bartleby.com/44/1/.

[30] Patrick McKenzie: Don｣t Call Yourself A Programmer, And Other Career Advice. Retrieved October 28, 2011, from: http://goo.gl/SwGcjH

[31] Johnson, R. and Gamma, E. and Vlissides, J. and Helm, R.: Design Patterns: Elements of Reusable Object-Oriented Software. 1995. Addison-Wesley. ISBN:

9-780-20163-361-0

[32] Robert C. Martin: Clean Code: A Handbook of Agile Software Craftsmanship. 2008. Prentice Hall PTR. ISBN: 0-1323-5088-2

[33] Martin Fowler: Refactoring: Improving the Design of Existing Code. Don Wells and Laurie A. Williams (Eds.). 2002. London, UK: Springer-Verlag.

博碩文化

博碩文化

博碩文化

博碩文化